大夏书系·作文教学

邓彤 著

写作教学密码

邓彤老师品评写作课

华东师范大学出版社
ECNUP
全国百佳图书出版单位

本书系中国教育学会"十三五"教育科研规划课题"学习科学视域下中学写作微型课程设计与实施的行动研究"（课题编号：1609010535B）的研究成果之一。

自　序

回首 30 年的教学经历，我必须感谢"课例研究"所给予我的丰厚馈赠。

一、课例研究——专业发展的助推器

30 年前大学毕业，我被分配到宣纸的故乡——宣城，进入了当地一所有着近百年历史的名校——安徽省宣城中学任教。初上讲台，我对课堂教学几乎一片茫然。犹记第一次上课，一篇通常需上 3 课时的文言文，我居然仅用 20 分钟就呼啦啦宣讲完毕，然后就尴尬地站在讲台上等着下课。这件事一时在学生中成为笑谈，也促使我暗下决心一定要尽快提高自己的教学水平。

当时，我所采取的应对策略就是大量、持续地"读课"，换句时髦的话就是开展"课例研究"，从课例中学习课堂教学艺术。

犹记当年，我每天除了上课就是"读课"。我把每天的"读课"时间分为两个版块：白天，走进老教师的课堂虔诚听课，现场感受他们的教学风采，向他们学习课堂教学的一点一滴、一招一式；晚上，认真阅读课堂教学实录——当年，所能搜集到的课例只有人民教育出版社 1980 年出版的《优秀语文教师上课实录》——我再三研读，反复揣摩，受益良多。于漪、钱梦龙、蔡澄清等名师的教学风采、教学智慧通过这部实录深深印入了一个刚走上讲台的青年教师的脑海中，成为我今后教学实践鲜活的范式。在反复研读这部教学实录之后，我似乎对课堂教学豁然开朗，那些名家课例生动直观地向我昭示：什么是一堂好课？如何上好一堂课？

大概有六七年的时间，我日日蜗居在宣城中学校园一隅的老式瓦房里静静读书，发黄的卷页与橘黄的灯光在我眼前交织成一片宁静而惬意的风景。那段美好的"读课"时光深深镌刻在我的生命里。

后来，我陆续获得宣城地区教坛新秀、安徽省教坛新秀、全国教学比赛一等奖等荣誉。我意识到：在很大程度上，是这些经典课例为我的专业成长提供了助推力。

许多教师在回忆自己的成长经历时，也都有类似的感受。

我的学兄申宣成博士曾经提出一个令人深思的问题：听了那么多课，看了那么多视频，写了那么多叙事，为啥还没成为名师？为此，他研究了许多名师的成长经历，最终得出来一个结论：解决这一问题的最佳路径就是——"读课"[①]。如何"读课"？许多名师做出了榜样。

> 湖北余映潮老师曾经对特级教师胡明道的课例做过认真研究，其用心之细、研讨之深、提炼之精，展示了高超的读课水平。而余老师首创的"板块式设计"，也是在研究上海特级教师沈蘅仲的课例时悟出来的。
>
> 北京李卫东老师在回味他的"语文人生"时，也饱含深情地记述了他师从著名语文教学专家靳家彦的经过。他学习靳老师的主要方法就是"看先生的教学录像"，"一堂课往往从不同的角度听上许多遍……每有心得，随时记下……这些教学录像看的次数多了，靳先生的教学语言都熟记在心了，再看的时候，就在心里跟着先生同步地说着"。
>
> 浙江王崧舟老师则把课例研究视为教师专业发展的"葵花宝典"，他是以面壁参禅的功夫来读课的。

由此看来，教学实录、教学录像确实是一座蕴藏极丰的富矿。但是，这座富矿却有待于研究者的挖掘与开发，教师的教学智慧与宝贵经验必须加以提炼与萃取，才能转化为便于学习的关键知识。

---

① 申宣成.读课：让教师从平凡走向卓越［N］.教育时报，2017-01-11.

二、写作课例——有待开发的处女地

近年来，语文教学实录呈现爆发趋势，课例研究著作也不断涌现。《语文教育研究大系》《中国著名特级教师教学思想录·中学语文卷》较为系统地介绍了当代著名语文特级教师的教育思想和教学实录。此外，语文出版社的"名师讲语文"丛书、上海教育出版社结集出版的《名师授课录》，以及华东师范大学出版社"大夏书系·名师课堂"等系列的陆续出版，为我们提供了极为丰富的一线优秀教师的教学课例。这些课例丛书的出版发行，为语文教师学习、研究提供了丰富的资源。

但是，通观这些课例，我认为其间存在"二多二少"的问题。"二多"，指的是阅读教学课例多、关注教学方法的研究多；"二少"，指的是写作教学课例少、关注教学内容的研究少。这些问题的存在，一定程度上制约了课例研究水平的提升。尤其是写作教学，更是面临诸多问题，亟须有深度的写作课例研究。

当前写作教学现状不容乐观。我曾用"三无"来描述写作教学所面临的困境。所谓"三无"是指"无物、无招、无效"。"无物"意为写作教学缺少教学内容，"无招"指的是写作教学缺乏合宜的教学方法，由于内容与方法的缺失，写作教学效果自然总体上"无效"，这直接导致许多语文教师几乎放弃了写作教学。

写作教学出路何在？答曰：在于知识的开发。

李海林教授认为：目前阅读教学相关知识已经较为丰富，因此，阅读教学所面临的主要问题就是选择什么样的知识进入课程；写作教学则不然，写作教学最大的问题在于没有知识，尚没有到达"选择知识"这一阶段，因此，写作教学面临的主要问题是"写作知识的开发"。由于写作教学的特殊性，这些知识主要应该是关于如何写作的"程序性知识"。

既然如此，随之而来的问题是：写作知识从何处开发？

已有的研究表明，从写作教学课例中开发写作教学知识是一条可行的途径。

王荣生教授、高晶博士认为：在我国，以教学实录为代表的"课例研究"是教师作为研究者最重要的成果表达形式。尤其是对那些足以作为学习范本的"名课"的分析，是开发学科教学知识、发展学科教学论的重要途径。从课例中获取教学知识，尤其是从"名课"中发掘优秀教师的教学知识，并力图转化为公共知识，这是学科教学论研究以及教学理论研究的知识生长点。课例研究尤其有利于研究开发教学内容，至于教学方法，则以到教学现场研究为宜。[①]

为此，我遴选并研究了 15 个写作教学课例，从中开发、萃取若干合宜的写作教学知识，如果这些知识能够为写作教学发展起到添砖加瓦的作用，那将是我最大的满足。

三、关键知识——写作教学的金钥匙

为了更好地开发、炼制写作学科知识，从而为写作教学提供基本的教学内容，我开始了基于写作课例分析的写作教学内容开发研究。

自 2014 年起，我一直为《中学语文教学》杂志策划编辑"写作实验室"稿件，编发了大量写作教学实验课例。这些课例聚焦写作教学问题，试图通过各类实验提高写作教学效益。我所主持的语文工作室学员也参与其中开展了系列实验，提供了许多有价值的写作教学课例。通过对这些课例的研究，我尝试从中开发、萃取若干关键性的写作教学知识。

本书中的 15 个写作教学课例，主要来自我工作室的学员。此外，著名特级教师韩军老师、著名语文专家郑桂华教授、周子房博士等慷慨应允我使用他们的写作教学课例，上海交通大学附属小学的丁慈矿老师、上海复旦大学附属中学青浦分校的李新老师、浙江省宁波市海曙区教研室的陈菊飞老师、深圳南山实验教育集团的邓玉琳老师也为本书提供了精彩课例。正是由于上述专家、学者、一线优秀教师以及工作室全体同仁的鼎力支持，本书才得以出版。在此一并表示深深的谢意。

需要说明的是，本书所用课例都经过上述专家、教师多次课堂教学的验

[①] 王荣生，高晶."课例研究"：本土经验及多种形态［J］.教育发展研究，2012（8）.

证，在实践中都取得了良好的效果，其中必然蕴含着相当丰富的写作教学知识。只是由于水平所限，对这些课例，我尚无法全面深入地进行研究，只能就课例某一侧面"萃取"某一写作知识。此外，由于从课例中提取、炼制写作教学知识是一项复杂而难度很大的工作，并且所炼制的这些知识正确与否还需要经过实践的印证，还需要做进一步的学理考察，因此，本书所开发的写作知识，一定存在不够全面的问题，错误之处也在所难免。在此，祈望得到各位课例提供者和读者诸君的谅解与指教。

我希望，这项工作能够或多或少地破译出写作教学的"密码"，也许一组或一个写作教学课例只能破译出一个"代码"，但随着研究的累积，随着破译代码的增加，我相信，我们必将逐步找到开启写作教学门扉的通关密钥。

也许在不久的将来，呈现在我们面前的写作教学将是这样一番景象：洞天石扉，訇然中开；青冥浩荡不见底，日月照耀金银台。

不妨拭目以待。

邓 彤

2017 年 8 月 20 日

目　录 CONTENTS

第一章 写作教学：如何向传统汲取智慧？

执教教师简介

丁慈矿，上海交通大学附属小学语文教师。现任上海写作学会理事、上海楹联学会理事。从教以来，致力于我国传统语文教育教材研究，多篇文章在《人民教育》、《小学语文教师》等报刊发表。编著有《小学对课》、《小学生汪曾祺读本》、《小学文言启蒙》等。系《小学教学》、《小学语文教师》封面人物，《教师月刊》2015年度教师。

评课要点概述

丁慈矿老师的"对课"实录，包含了传统写作教学的基因密码，当能为我们深入思考写作教学提供许多有益的启示。

对联，是中国文化的重要载体，堪称汉语表达的经典模式。对联写作，俗称"对对子"或"对句"，典雅的说法为"属对"。

从写作教学角度看，"属对"具有如下三大特征：其一，是学习汉语表达的有效路径；其二，是一种集约化的写作教学范式；其三，是一种极具趣味的写作学习范式。

丁慈矿老师这一课例的重要价值在于：研究传统的"属对"教学，可为建构当代写作教学范式提供借鉴；从传统写作教学中汲取智慧，是当代写作教学研究与实践的重要路径之一。

课例1

丁慈矿：从"无情对"到"书房联"

一、无情对

师：今天我们的对课先从两个字开始对，对什么呢？对了，你们窗台上种的是什么呀？

生：文竹。

师：好，就以"文竹"为上联，大家来对下联吧！

生：我对"牡丹"。

师：为什么对"牡丹"？

生：因为文竹和牡丹都是植物。

师：但是"文"和"牡"、"竹"和"丹"对不上，你对得不是很工整。

生：对"铁树"可以吗？

师：要比"牡丹"好一些，但是"铁"对"文"还是有些勉强。

生：腊梅。

师：可以，以"腊梅"对"铁树"更好。再想想还可以对些什么。

生：对"武松"好不好？

师：有意思，大家说好不好？

生：不好，因为"文竹"是一种植物，"武松"是人的名字，两个词没有关系，怎么能对在一起呢？

生：我认为他对得好，因为，"武"对"文"，"松"对"竹"都对上去了，如果"武松"也是一种植物就更好了！

师：你们俩讲得都很精彩，用"武松"对"文竹"很好，这叫"无情对"。

生：什么叫"无情对"？

师：许多年前一家酒厂举办了一次征联比赛，出的上联是自己酒厂生产的酒的名字：三星白兰地。"三星"是品牌名，"白兰地"是酒的名字。你们想知道下联对得最好的是什么吗？

生：想呀。

师：先请你们自己对对看。

生：对不出。

生：对"四川剑南春"可以吗？

师：真厉害，你是怎么对出的？

生：我家有"剑南春"酒，是四川生产的，爸爸常拿这酒来招待他的好朋友，老师一说，我就想到了这种酒。

师：对得不错，只是"剑南春"对"白兰地"不工整。这副上联一出，就有人开始琢磨下联了，他想"三"可以对"五"，都是数字；"星"可以对"月"，日月星辰嘛；"白"可以对"黄"，都是颜色；"兰"可以对"梅"，都是植物；"地"不用说，可以对"天"；于是他对的下联就成了……

生：五月黄梅天。哈哈！

师：这就是"无情对"，上下联之间从每个字上讲，都巧妙地对上去了，连起来读也非常通顺，但是从意思上讲毫不相关。你瞧，咱们的汉语是多么巧妙，碰上这种"无情对"，外国人是怎么也想不通的！

二、成语对

师：当然，"无情对"主要是一种文字游戏，更多的对联是合情合理的。接下来，我开始合情合理地对句。我出的上联是：千山。

生：万水。

师：七嘴。

生：八舌。

师：理直。

生：气壮。

师：你们都不用怎么想，一下子怎么就对上了呢？

生：因为你出的都是成语。

师：我们的汉语是神奇的语言，你看这些四个字的成语拆开来就是一副两字的对联，有意思吧？而且成语和成语之间也能成为对联，我们来对几副。我的上联是：望梅止渴。

生：我对"见肉忘饿"。

师：你大概讨厌吃肉吧？这是你自己生造出来的词语，不是成语。

生：画饼充饥。

师：接着来——山明水秀。

生：天昏地暗。

师："天昏地暗"好像与"山明水秀"不大相配。

生：海阔天空。

师：好，有气魄。

生：鸟语花香。

师：好，我喜欢这个下联，山明水秀，鸟语花香，这个世界是多么美好！我在山明水秀前加两个字：冬去山明水秀，请你再来对一下！

生：春来鸟语花香。

三、书房联

师：成语中包含许多对联。古人的书房里也有许多有意思的对联呢！这些对联和书房名关系密切。我们先来欣赏别人的书房名。陆游是南宋著名的爱国诗人，他的书房名字很怪，叫"书巢"。

生："巢"不是鸟住的地方吗？他的书房叫"书巢"，是不是说自己的书房像鸟窝一样小呢？

师：不是。陆游一生酷爱读书，常常废寝忘食，即使到了多病的晚年仍然勤读不倦，他对书房的眷恋，就像鸟儿眷恋鸟巢一样，所以叫"书巢"。这个"书巢"里面还挂了一副他亲手写就的对联："万卷古今消永日，一窗昏晓送流年"。这副对联写的是什么？

生：这副对联写出了陆游的读书生活。上联写自己的书很多，可以借此消磨时日，下联写一个个黄昏和早晨就在读书中过去了。

师：陆游喜欢读书，但他更有报国救民的豪情，他在诗中就曾写道："楼船夜雪瓜洲渡，铁马秋风大散关。塞上长城空自许，镜中衰鬓已先斑。"可惜！可惜！由于各种复杂的原因，我们这位本可成为一代名将的陆游先生一生大部分的时间只能待在小小的"书巢"中，借着书本消永日、送流年。再来参观一个人的书房，"徐渭"这个人听说过吗？

生：没有。

师：那"徐文长"听说过吗？

生：听说过，我在最近放的一部电视剧里看到过他。

师：徐渭就是徐文长，古人的"名"和"字"是分开的，徐渭在向别人介绍自己的时候会说："在下姓徐，名渭，字文长。"清楚了吗？

生：清楚了，徐渭的书房叫什么名字？

师：青藤书屋。有谁去过吗？

生：我去过，好像是在浙江绍兴，书屋前种了一棵青藤。

师：这棵青藤就是"青藤书屋"得名的由来，他书房的对联是："几间东倒西歪屋，一个南腔北调人"。

生：哈哈！

师：你们笑什么？

生：这副对联很好玩，几间东倒西歪的屋子里住着一个南腔北调的人。

师：这副对联我觉得并不可笑，因为它写尽了徐渭一生的辛酸。在中国历史上像徐渭这样诗歌、书法、国画、戏剧全都精通的天才是不多的，然而，就是这样的一个天才却一生穷困潦倒，只能靠给大官当幕僚，换得生活所需的银两。长期在外漂泊使他的语言变得"南腔北调"，多年以后回到家中，他只看到那几间破旧的房子，于是怀着满腔郁闷，在墙上挥毫写下了"几间东倒西歪屋，一个南腔北调人"。

生：老师，我听说他最后疯了。

师：他是疯了，最后还死在了狱中，可是他的画、他的诗、他的书法，还有关于他的许多对联故事，却长存天地之间。双休日你们可以到上海博物馆去看看，那里藏有他画的墨葡萄，笔墨畅快淋漓。许多读书人的书房名字、书房对联都很有意思，我就不一一讲了。现在也请大家模仿陆游和徐渭，为自己的书房起一个名字，再拟一副对联吧。下面这些字：斋、轩、榭、堂、楼、室、居，你们起名的时候可能会用上，请查字典，弄清楚它们的意思。知道了这些字，就可以联系自己居住的环境给书房起名字了。一个好的书房名字，应该有趣、巧妙，还要明志——可以表达你的志向，还要有诗意，当然满足其中一两点也就不错了，大家来试试吧。

生：老师，我想问一下你的书房叫什么名字？

师：我的书房叫'不悔斋'。

生：为什么叫"不悔斋"？

师：因为我喜欢大学者王国维的一句诗："人生过处唯存悔，知识增时只益疑。"但我觉得王先生太悲观了些，人生短暂而美好，不能有后悔之意存于胸中，因此，我起了"不悔斋"的斋名。

生：那你的书房有对联吗？

师：有啊！是我自己写的，不过写得不好，有几个字不合平仄规律，说出来怕你们笑话。

生：我们想了解，说出来听听吧。

师：月白风清，一卷在手，莫道人生过处唯存悔；山高水远，几多崎岖，方觉知识增时只益疑。写得不好，见笑了。

生：这对联写的是什么意思？

师：以后你就会明白了，先给你的书房起名字吧。可以相互讨论一下。

生：老师，我家住在24楼，每天作业完成了，我都喜欢站在窗前眺望远处的风景，叫"望远斋"好不好？

师：大家说好不好？

生：我觉得"望远楼"更好一些。

师：正合我意。

生：那我的书房就叫"望远楼"了。

生：小雨淅淅沥沥，大雨噼噼啪啪，我喜欢在阳台上听雨，我的书房叫"听雨轩"，你们看好吗？

师："听雨轩"有诗意。不过这个名字已经被很多人用过，有些俗，北京中山公园有一个"来今雨轩"，化用了杜甫的"旧雨来，今雨不来"，很有味道。你能不能在"听雨轩"前再加一个字？

生：我帮她加一个字——"爱"，"爱听雨轩"好吗？

生：不太好，不够含蓄。

生："梦听雨轩"怎么样？

师：也不太好。

生：静听雨轩。

师：我觉着这个好。你愿意用吗？

生：好吧，我的书房就叫"静听雨轩"了。

生：我们一家三口挤在一间房子里，比刘禹锡还惨，他叫"陋室"，我就叫"简室"吧。

师：记住孔子说的话：何陋之有？你将来会有大出息的。我们都等着拜读你的《简室铭》！

生：我做事缺乏恒心，遇到挫折就退缩，我的书房就叫"有恒斋"，这样可以不断提醒自己。

师：你有自知之明，好！我就为你的"有恒斋"送上对联一副：有志者，事竟成，破釜沉舟，百二秦关终属楚；苦心人，天不负，卧薪尝胆，三千越甲可吞吴。

生：老师，这是你写的吗？

师：不是，是那个专写鬼狐故事的蒲松龄在考试落第后写来自勉的。知道蒲松龄的书房叫什么吗？

生：是"聊斋"吗？

师：对。蒲松龄科举考试屡次落榜后，在那"聊斋"的墙上贴出了这副对联，以项羽的破釜沉舟和勾践的卧薪尝胆来勉励自己，埋头写作，终于完成了不朽名著《聊斋志异》。

生：那你能送给我们每人一副对联吗？

师：还是你们自己去写比较好，如果今天想不出，那就回家去写吧。如果觉得自己写得不好，就从对联书籍中选取一副。当然还要练练书法，否则写出来不好看。暑假有空我会去参观你们的书房，拜读你们的书斋名号和对联大作，欢迎吗？

生：欢迎！

师：那好，我们要说再见了，愿对联使你们的语文学习更加有趣，愿对联使你们的生活更加美好！亲爱的同学们，再见！

品评：
解码写作教学的基因

"对联"，在中国文化谱系中占据着重要的地位。

指导学生学习撰写对联是我国独有的写作教学方式。我国古人将"一人出上句，另一人对下句"这样的方式称为"属对"或者"对课"，指导学生从最简单的一字对开始对句，然后逐步增加字数，最后可以形成非常丰富完整的长联。

"属对"，是写作教学绕不过去也绝对不应该绕过去的一座文化宝库。在"属对"中，学生可以体验写作的各种过程，习得多种写作能力，悟得写作策略与方法。"属对"，也可以检测学生的写作能力、文化修养乃至胸襟抱负。蔡元培先生故此断言："对课不但是作文的开始，也是作诗的基础。"

上海交通大学附属小学的丁慈矿老师致力于探索研究对课教学，开发了一系列对课校本课程。他认为：汉语是一种充满诗意的语言，它能把每一片飞花，每一线星光，每一缕期盼都凝化成诗意的存在，感受这种美好的诗意、享受人生的幸福是语文教学的崇高使命。[①] 对联作为汉语特有的文学形式，充分地表现了汉语的特征，以极短小的篇幅展现了汉语对仗工巧、声调和谐之美，具有无穷的魅力。

我将从写作课程的视角审视丁慈矿老师这一"属对"课例。

一、对联：汉语表达的经典模式

学者认为：对联是中国文、赋、诗、词、曲各类文体中最精华部分的

---

① 丁慈矿．对课［J］．人民教育，2003（Z3）．

浓缩。① 从写作角度看，对联形制上可长可短，文体上亦诗亦文。短者 10 字左右即可成篇，言简意丰；长者如昆明大观楼长联，长达 180 字，更有奇者如江津临江城楼长联，居然长达 1612 字。此外，对联布局之对称齐整、节律之音韵和谐、风格之庄谐皆宜，更使对联成为雅俗共赏、古今咸宜的写作形式。

对联这一文体，折射出汉语的气质、风格，弥散着中国文化在汉语结构特点、表达模式上的独特的韵味。学习写对联，可以体会到汉语表达的纯正韵味。

正如语言学家萨丕尔所说：我相信今天的英国诗人会羡慕中国人，因为中国人不费气力就能够即兴凑句并且能够达到洗练的程度。这种能力和汉语的特征是分不开的。汉语由于不变的词形和严格的词序，于是就出现密集的词组、简练的骈体和一种言外之意。②

对联最大的特征是：对称表达。偶句、骈文、对仗，这些齐整的句式表达在中国长盛不衰绝不是偶然的，而是与汉语汉字的特性密不可分。例如，汉民族一直以来就不断在追求一个独特的审美对象——对偶。对偶是一种古典美。中国人在审美意识的深层始终涌动着喜好"对称之美"的情结。这与汉字的特点是有着密切关系的。

汉字，一字一音节，一字一语素，一字一方块，音节的长短大致相同，方块的面积大致相等，音节之间的停顿明显，概念意义的转换明确，方块是一个一个独立的整体，形、音、义三个方面，都为语言的对称表达创造了得天独厚的条件，使汉语的对称表达如同天造地设，丝毫没有斧凿之痕，丝毫不会因为追求形式上的对称而损害内容上的表达，为形成独特的汉语文学形式（如对联、回文诗）和审美传统（如整齐、对称、排偶等）提供了一个前提条件。③

---

① 王庆新.中国当代联坛千家论典［M］.北京：中国民族摄影艺术出版社，2002：673-679.

② ［美］爱德华·萨丕尔.语言论：言语研究导论［M］.陆卓元，译.北京：商务印书馆，1985：201.

③ 杨大方.对联论：文化语言学视野下的研究［M］.北京：中央民族大学出版社，2011：71.

总之，汉语词汇以双音节为主，汉语句法以平行结构为主，汉语章法也处处可见对称的痕迹。汉民族第一部诗歌总集《诗经》主要诉诸"赋"、"比"、"兴"三种艺术手段，其中，"兴"就是最具有民族特色的国粹——世界上其他民族不乏使用"赋"（直陈）、"比"（譬喻）手段，但很少像我们的古人那样一开始就对"兴"产生浓厚的兴趣。"兴"是两个句子既排偶又模拟，排偶在明模拟在暗，构成一个相对独立的文本单元。[①]

事实上，对偶，从来就不只是一种修辞方法，它还是一种审美习惯、一种思维方式。我们不但要善于欣赏对偶之美，还要有意识地运用这一审美规范去创造美。

当对联这一将"对偶"作为安身立命之所的特殊文体成为写作学习的重要方式之后，对称之美便会像基因一样悄然影响着中国人的汉语表达。这时，我们会很自然地运用对偶的规律构思作文，便于拓深拓宽文章思路，便于架构组织文章，从而使作文具有一种别样的美。

对偶，用来造句，可使语句整齐，句意凝练；用来构思，可使文章正反互补，相映成趣。两两相对的内容，使文章因此呈现出风格迥异的姿态；而意旨相近的文段则使文章由于相映成趣而辉映出一片旖旎的风光。

二、对联写作：学习汉语表达的有效路径

我们生活在汉语之中。汉语是如此深刻地影响着我们的思维。既然每个人都注定无法摆脱语言的影响，那么教育者为什么不能将语言对人们的正面影响发挥到最佳状态呢？汉语、汉文化、汉民族思维方式……我们始终浸染于其中，须臾不曾离弃，那么，它们为什么不应该成为写作教学的宝贵资源呢？

对联对于写作学习的启示大致有如下几个方面。

其一，简短为主。

言简意赅是写作的高级境界，也一直为汉语表达所孜孜以求。如果与细

[①] 傅修延. 文本学：文本主义文论系统研究［M］. 北京：北京大学出版社，2004：209.

密复杂、条分缕析的西方表达相比，汉语表达特别具有简短、灵动、活跃的特点。简短表达在对联写作上表现得特别突出。

对联有一个基本的"黄金长度"，一般认为这个"度"以7个字为宜。这个度是各种因素综合作用的结果。例如，这个长度就非常符合人类短时记忆的信息长度。因为对联往往是人们口头现场应对，自然需要简短，只有确保所出上联的长短适度，才能便于对句者记忆并据此作出下联对句。

其二，简洁为上。

对联的简短，还受到汉语语法特征的影响。

王力先生曾说过：就句子的结构而论，西洋语言是法治的，汉语则是人治的。

英语写作中，往往使用很长的修饰语使句子变长。有时，还喜欢用许多从句使句子变复杂，而这些从句又通过从句引导词与主句或其他从句连接，整个句子错综繁复而又清晰有序。这固然是一种值得学习的表达风格。

但汉语表达则自成风流。汉语向来喜欢用短句，加上表达结构相对松散自由，运用短句一直是汉语写作的重要特征。许多写作大家都极善写短句，沈从文、汪曾祺就是典型的例子。

汪曾祺先生《葡萄月令》一文中的短句让人叹服：

> 一月，下大雪。施了肥，浇了水，葡萄就使劲抽条、长叶子。真快！

而他的名篇《受戒》，短句更是运用得出神入化。只看文章的一首一尾两段，就让人流连忘返，陶醉不已。

> 明海出家已经四年了。他是十三岁来的。这个地方的地名有点怪，叫庵赵庄。赵，是因为庄上大都姓赵。叫做庄，可是人家住得很分散，这里两三家，那里两三家。一出门，远远可以看到，走起来得走一会，因为没有大路，都是弯弯曲曲的田埂。庵，是因为有一个庵。庵叫菩提庵，可是大家叫讹了，叫成荸荠庵。连庵里的和尚也这样叫。"宝刹何

处？"——"荸荠庵。"庵本来是住尼姑的。"和尚庙"、"尼姑庵"嘛。可是荸荠庵住的是和尚。也许因为荸荠庵不大，大者为庙，小者为庵。

英子跳到中舱，两只桨飞快地划起来，划进了芦花荡。芦花才吐新穗。紫灰色的芦穗，发着银光，软软的，滑溜溜的，像一串丝线。有的地方结了蒲棒，通红的，像一枝一枝小蜡烛。青浮萍，紫浮萍。长脚蚊子，水蜘蛛。野菱角开着四瓣的小白花。惊起一只青桩（一种水鸟），擦着芦穗，扑鲁鲁鲁飞远了。

短句间的节奏、韵律与情味，被汪曾祺发挥得淋漓尽致。

对联的这种简洁，在写作教学中当然需要汲取并发扬光大。因此，教师在指导学生写作时当然需要提醒学生注意控制每句话的字数，不妨建议学生把十几个字几十个字的长句改成只有三五个字的短句。

简短，最终成为汉语表达所追求的一种境界。从对简短的喜爱，转而可以追求言简意丰，追求语言的洗练及内容的精练。

其三，诗性表达。

对联的另外一大特征就是它的"诗性表达"。

为"诗性"下定义不太容易，但是，我们知道，对联写作总是力求超越日常表达。这就使得对联写作具有文学创作"陌生化"的特征。

对联写作特别注重形象性、韵律感，力求在对联中创造意境、情趣和理趣，这一切都可以说是"诗性表达"的体现。

钱穆先生认为，《诗经》的一大魅力就是将文学艺术与日常伦理结合，把实用与艺术加以结合，"以超脱的外表来表达缠著的内容"[①]。

但是，随着后来文学与实用的不断分离，诗歌的实用性越来越稀薄。但是，"对联却继承了中国古典诗歌的这一传统，即用非常艺术的轻灵的形式来表达非常实用的内容，重新将艺术和实用、精神和功利完美结合

---

① 钱穆.中国文化史导论（修订本）[M].北京：商务印书馆，1994：68.

在一起"①。

在对联中，有多少简约灵动、亦俗亦雅、或庄或谐的诗性表达呀！这些别致的充满智慧的表达，真应该成为写作教学取之不尽用之不竭的资源。

对联，是写作教学一座弥足珍贵的富矿。不过，这是一座有待开发的富矿。

三、对联写作：一种集约化的写作教学范式

张志公曾经专门讨论过中国传统语文课程与教材中的"属对"现象，并对这一现象进行了详细的分析。②

张志公认为，"属对"本质上是一种综合的有关语文基础的训练，对于语文教学富有启发意义。自然，写作教学同样也可以从"对对子"教学中得到很多启示。

在"属对"训练中，既包含了字音的训练（如字音、四声），也包含了韵律的训练（如平仄、节奏），还包含了词法、句法、章法的训练。

张志公先生特别举例说明古人一种"增字对"训练的例子：先说"龙"，对以"虎"；再说"神龙"，则可对以"猛虎"；接着说"夈神龙"，对以"降猛虎"；最后说"异术夈神龙"，则可对以"奇威降猛虎"。

这是一种逐渐增加难度、逐级提升复杂性的写作训练方式，可以为今天的写作课堂教学带来如下启示。

1. 写作教学重点在于运用知识而不是介绍知识

用今天的课程理论与学习理论来看，"属对"是一种将知识教学隐含在具体语言运用实践中的训练方式，将需要学生掌握的知识镶嵌于具体的任务情境中。

在中国古代语言系统中，词语可以分为"实词"（即具体名词，如山、川、草、木）、半实词（即抽象名词，如文、武、术）、"活虚字"（即动词，

---

① 杨大方.对联论：文化语言学视野下的研究［M］.北京：中央民族大学出版社，2011：146.
② 张志公.传统语文教育教材论［M］.北京：教育科学出版社，1992：98-102.

如飞、奔、跑、行）、"死虚字"（即形容词，如新、旧、美、丑）、半虚字（即方位词、时间词等）。但是古人在进行语言教学时，几乎不会去教这些静态的经过归类的词语类型，但是，学生却能够在实际中熟练运用这些词语。其中一个重要原因就是在语文学习中采取了"属对"这一训练方式。

"属对"训练中有"一字对"，要求"实对实"、"活对活"、"死对死"，这实际上就是在运用词语的过程中让学生逐渐树立起词类的基本观念。"属对"训练中有"二字对"，要求"上实下虚"（电闪、雷鸣）、"上虚下实"（男耕、女织），这实际上是让学生掌握主谓、动宾等词法。此外，"三字对、四字对"则是造句训练，而"多字对"则涉及修辞、逻辑训练，例如"一川杨柳如丝袅"对"十里荷花似锦铺"。

在"属对"过程中，古人很少讲词法、句法的知识，而是着重采用属对练习这种方式，帮助学生掌握词语的运用和句子的结构。

总之，"属对"这一写作训练方式体现了对语文学习规律的一种本质把握，对于建构写作教学具有深刻的启示作用。

2. 为写作知识创设运用情境

写作知识需要在具体情境中运用才能被学生掌握内化，才能转化为学生真实的写作能力。对句，就是高度重视运用情境的练习形式，这是一个具体的"下句"对"上句"的情境。

根据海耶斯的写作模型，部分完成的写作篇幅也构成作者写作的具体语境，这一语境对作者的下一步写作会产生影响。例如，鲁迅先生的启蒙老师寿镜吾先生曾出上联"独角兽"要求学生对下联，"独角兽"三个字就具备"三位一体"的功能：既是一种写作要求，也是一个写作样例，还是一类写作情境。这个情境就是："独"字虽然不是个数，但依然有"单"的意思，因此，如果简单地用"九头鸟"来对句，"九"显然就无法对上"独"了，而鲁迅的"比目鱼"之"比"，就符合这一特殊的语境。此外，还有对句的风格、用词、典故等等，都构成了特有的语言运用情境从而对下联提出相应的要求，否则就是"对不起"。

可以说，对联，是对语言运用具体情境要求最为严格的一种写作方式，

"属对"则是一种典型的在情境中运用知识并学习知识的学习方式，而且在运用知识的过程中掌握知识。

3. 微型化、生本化

"属对"还有一大特点，那就是训练形式的微型化。对句往往从一词一字开始，逐渐发展构成一个复杂的句子，这些词语的组织运用，构成了整个学习活动。

这样的练习，简单易学，可操作性强，并且具有极大的扩展性，可以适应于不同层次的学生，对于刚刚进入启蒙阶段的学生，可以开展一字对、二字对学习活动；对于程度较高的学生，则可以开展一句对、设置长达几十上百字的长联对句的学习活动，能够充分适应学生的各种学情。前文丁慈矿老师的两字对、成语对课例就充分证明了这一点。

这种微型化的练习形式，可以包含多种写作能力、运用多种写作知识，确实是极好的写作教学范式。

四、对联写作：极具趣味的写作教学范式

谈到写作教学，我们必须清醒地意识到：无论写作教学知识如何正确、教学方法如何得当，学生的写作兴趣始终是写作教学的前提与基础。杜威认为：兴趣是生长中的能力的信号和象征……兴趣显示着最初出现的能力。兴趣常常与成功有直接关系，是追求目标的直接动力。

如何激发学生的写作兴趣？具体做法可能多种多样，但是归结起来不外乎如下三类：有趣、有用、有成就感。"属对"因为充分具备上述三要素而成为重要的写作教学范式。兹简述如下。

1. 有趣

对联趣味足。与对联有关的人物、故事往往令学生流连忘返、欲罢不能。请看丁老师课例中的"无情对"以及名人书房名、书房联，都以丰富的趣味性、知识性以及巧妙的创意将学生强烈吸引住。我们甚至感受到，丁老师在很大程度上宁可减少让学生"对句"的机会，也要充分将对联的魔力展现出来。这其实暗含了丁老师对写作教学核心要素的深刻理解：学生浓厚的

学习兴趣，是写作教学成功的基本保证。但是，仅仅有趣又是不够的。所以，还必须让学生能够"学以致用"，让自己的写作成为生活的必需品，换言之，就是让写作变得"有用"。

2. 有用

有用才有价值，有价值才会激发持久的动机。所以，写作教学所教的一定不能是"屠龙之术"，而应该将"经世致用"作为基本目标。我们在上述"对课"教学实录中看到，丁老师指导学生为自己的书房命名，并依据所命之名拟写一副对联。这是典型的任务型写作教学，目的就是指向"实际运用"。事实上，对联是中国最普及的一种文体，广泛存在于各行各业。凡有华人处，皆有对联。过年贴春联，结婚有喜联，庆生有寿联，丧事写挽联。风景名胜各有胜迹联，三百六十行有行业联。对联，已经渗透到中国人文化的毛细血管，甚至已经成为中华文化的基因。对联的效用始终不曾淡化或弱化。

3. 有成就感

对联写作容易产生成就感。"属对"这一写作教学形式具备典型的有效学习特征：呈现出一个不断由浅到深、由简到繁、由短到长、由易到难的写作学习过程，学生在"对句"过程中，始终是小步子、密台阶、快步走，拾级而上，不断上升，完美诠释了"循序渐进"这一有效的学习原则。此外，"属对"还有一大优势：教师每次出"上联"，既是一次写作任务的发布，也是一次写作学习支架的提供。对联的要求是"上句"对"下句"，这样"上句"就相当于教师提供的一个"范例"，这一范例为学生呈现出一个相似的学习材料，这一材料于是成为一种帮助学生完成学习任务有效的学习支架，为学生的写作学习提供参考。

正是由于上述理由，我们认为："属对"这一传统写作教学范式其实蕴含了写作教学的基因。在品评完本书的每一堂写作课后，读者诸君可能会发现："属对"所包含的写作教学因子，也许都会或多或少、或隐或现地闪烁于这些写作教学课例中。

第二章　授之以渔：如何指导学生开发写作内容？

执教教师简介

韩军，全国著名语文特级教师，首都师范大学硕士研究生导师，系享受国务院政府特殊津贴的教育专家、全国教育系统劳动模范、人民教师奖章获得者、全国曾宪梓教育基金一等奖获得者。著有《韩军与新语文教育》等专著。

评课要点概述

··

　　学生总是面临"没啥可写"的困惑，教师总是遭遇"没啥可教"的尴尬。韩军老师这一课例，聚焦于写作教学的老大难问题，为写作学习、写作教学提供了范例。

　　这一课例在写作教学层面给我们的主要启示有二：如何确定写作角度？如何指导学生开发、生产合宜的写作内容？首先，通过开展研究性学习发现问题。"毛润之的左脸"，这是在老师指导下发现的问题，其实质就是确定写作角度。其次，角度一旦确定，观察思考问题、选择材料的方向就有了，随后围绕问题，引导学生搜集必要的写作素材就顺理成章。

　　本课例是一堂构思指导课。韩老师指导构思，不是让学生凭空"突发奇想"，而是在分析大量事实之后的归纳与深思。但本课例更是一堂指导学生开发挖掘写作内容的指导课，"没啥可写"的难题在韩老师高明的指导下迎刃而解。

··

课例 2

韩军：毛润之那张左脸

国庆假期结束了。

这个假期，我哪儿也没去，就宅在家里，安闲、自在。但是，今天，我的安闲，被一通电话打破了。

一、作文引发的家庭冲突

一位家长找我，咨询我如何辅导孩子作文。作文内容要求有关国庆节，有关天安门，最好有关毛泽东。

家长都是高学历，孩子正在读初二。孩子的语文老师在国庆放假前，要求孩子在假期写一篇作文，关键词如上：国庆、天安门、毛泽东。明天要交给老师。

我估计，不少家长，今晚可能都在为这件事苦恼。有些语文老师，也在琢磨假期作文这件事。

家长告诉我，他们夫妻二人为了孩子的这篇作文吵起来了。这位爸爸，直骂布置作文的语文老师蠢。

我问：为什么说语文老师蠢？

这位爸爸说：第一，喊素质教育多少年了，为什么还不给学生减轻负担，假期也不让学生休息，布置了一大堆作业，最难的是作文。假期，本来就应该休假、休闲、放松，彻底地玩，大人到处玩，孩子为什么不能玩？大人的单位领导没有给大人布置什么作业，为什么老师非得给学生布置一堆作业？第二，布置这篇作文的语文老师，非得让 21 世纪的孩子写一位 20 世纪的伟人，简直是不可思议。

妈妈打断，抢着说：我们小时候，就写过这样的作文，我觉得这作文挺好，让孩子记住毛主席，记住中国红色传统，没什么不对，语文老师做得正确。孩子他爸太偏激。

妈妈补充道：孩子他爸，名校高才生，平时从来不看《新闻联播》，只看体育和美国大片。平时经常干预孩子的学习，指着孩子的语文、历史课本，说这里不对，那里可笑，搞得孩子不知所措。我们经常为教育孩子吵嘴。

妈妈也苦闷，这次关于毛泽东的作文，的确也太难为小孩子了。为什么不能写有关儿童生活的呢！

夫妻二人知道，这作文，必须得写必须得交，并且还得写好。可是，不知如何辅导孩子下笔写。于是，求助于我这位语文教师。

我说，好吧，我来试试辅导孩子。让孩子打电话吧。

下面就是我给孩子——一位初中生，做的作文辅导。

二、发现主要特征

我对孩子说：请你打开电脑，到网上搜索毛泽东的照片。

孩子说：搜索到了，好多好多呀！

我说：你看看，哪一张照片，是今天天安门城楼上挂的那一张？

孩子说：我找到了。

我问：孩子，你看，这张毛泽东像，脸朝向哪个方向？

孩子告诉我，毛泽东的脸，朝向正前方。

孩子还兴奋地补充道：我知道，从天安门广场任何一个角度，观察天安门上的毛泽东像，毛泽东的眼神，都会注视着你。

我称赞孩子，然后问：你知道，这张毛泽东像，是什么时候换上的吗？

孩子说：不知道，难道这画像不是长年挂着吗？

我说：每年国庆节之前的几天，都会更换一张崭新的毛泽东画像。今年的画像就是9月27日夜间由工人新换上的。

我说：好了，现在，我给你提一个问题，请你半小时之后，打电话告诉我答案。我提的问题是：请你到《人民日报》网站，查找每年10月1日的《人民日报》头版的毛泽东画像，从1949年10月1日，一直找到1978年10月1日，需要注意的是，《人民日报》头版的毛泽东图片，包括照片和画像。

我说：孩子，你找到后，数一数这30张左右的毛泽东画像，展现左脸的有几张，展现右脸的有几张，脸不偏不倚朝向中间的有几张。

半小时后，孩子没有来电话。

我知道，这是文献检索训练，如果孩子稍微动脑，找准《人民日报》历史资料的精准网址，尤其孩子学会运用搜索工具，10分钟就能找到。并且，有关《人民日报》头版的图像，早有不少学者做过统计，这种间接资料，现成文章，也不少。

又10分钟后，孩子来电话了。

孩子告诉我，找全了30个10月1日的《人民日报》头版。统计了一下，共有29张毛泽东画像。其中，偏于展现左脸的，有17张。剩下的，就是朝向中间的和偏于展现右脸的。其中完全偏于展现右脸的，只有1张。

我追问孩子细节：你是根据什么来准确判断，偏于展现左脸还是偏于展现右脸的？

孩子回答说：我是根据耳朵。左耳朵显露得大，就是展现左脸；右耳朵显露得大，就是展现右脸。

我称赞孩子：真棒！

三、探究深层原因

我进一步追问孩子：你知道这是为什么吗？

孩子回答：不知道确切原因。大概《人民日报》的编辑叔叔故意的吧！

我强调说：不是故意的，不是人为的。

孩子问：那是为什么？

我说：请你拿出一张百元人民币，看看上面的毛泽东像，是展现左脸，还是右脸。

一会儿，孩子回答：展现的也是左脸。

我说：你想知道这是为什么吗？

孩子非常兴奋，非常迫切地说：当然想知道啦！韩老师，您赶紧告诉我，好吗？

我说：不要依靠韩老师，还是靠你自己到网上找答案吧。

孩子问：搜索什么呢？

我说：刚才我们讨论的关键词是什么？

孩子一一回答：照片，图像，左脸。

我说：你已经知道搜索什么了，我等着你告诉我答案。时间，半小时。

没想到，15分钟后，孩子就打来电话，兴趣盎然地告诉我答案，并且把找到的答案链接传给我。

孩子像小老师一样地，给我读，给我讲——

"左脸原则"，就是原则上要尽量多暴露自己的左脸。蒙娜丽莎给我们展示了一个标准的左脸原则范本。心理学家早就观察到，并不只有蒙娜丽莎一个人喜欢将左侧脸呈现给我们，西欧的大部分肖像画都会这样。也就是说，艺术家们倾向于将肖像画的左侧脸呈现给我们看。

（1）将原因归结到画家身上，认为用右手的画家更容易画左侧脸。

（2）将原因归结到观看者身上，认为观看者的知觉存在左侧视野偏好。

（3）将原因归结到肖像画中的人，肖像画中的人偏好展现其左侧脸。

不只是艺术肖像画存在着"左脸原则"现象，真实人像中也存在。以下研究采用的实验材料是10男10女微笑的侧面头像照，每个人既有左侧脸的头像，也有右侧脸的头像。为了弄清楚到底是长相问题还是方向问题，研究人员还给出了对应的镜像反转头像。让37名大学生观看图片，每看完一张就对照片审美上的愉悦度从1—9打分，评分越高表示越偏好这张图片；此外还要记录大学生观看每张图片时瞳孔直径的大小，因为看到感兴趣的东西时瞳孔会放大。

结果发现，不管是原始图片还是镜像反转的图片，不管头像是男的还是女的，大学生对左侧脸照片（镜像反转图片中的右脸）的愉悦度评分更高，瞳孔直径也更大。也就是说，即使原始的左侧脸在镜子中反转后位于右边，被试也会更喜欢它。

布莱克本（K.Blackburn）和斯基里洛（J.Schirillo）认为，这个研究结果支持了大脑右半球情绪优势假说。因为右半球控制的左侧脸有着更强烈的情绪，不管左侧脸是向左还是向右，我们都可能认为它更美。

以上，孩子读得尽管不太流利，但是，孩子是彻底明白了。孩子说，他今天有了大大的收获！

孩子的妈妈、爸爸，也刚刚知道这个知识——"照片、画像的左脸原则"。他们为孩子今天的收获，包括自己的收获而感动。

四、着手写作

我让孩子把刚才的过程，写成作文。

作文叫什么题目呢？孩子说，就叫"毛泽东的左脸"。

孩子的妈妈说，应该叫"毛主席的左脸"。

孩子的爸爸此时插话了，他为今天的收获而快活。他说，作文题目，就叫"毛润之的左脸"。毛泽东年轻时敬服胡林翼，胡林翼号润芝，毛泽东因此改字为润之。

我说，也好。加上"那张"二字，才有语感。

孩子开始写作文——《毛润之那张左脸》。

品评：
开发无限丰富的写作内容

一次关于"国庆、天安门、毛泽东"的国庆假期作文，引发了一场家庭冲突，面对这样的作文题目，家长与孩子全都束手无策。而韩军老师一次电话指导，使得学生与家长茅塞顿开、收获满满。

仔细研读这个案例，似乎韩军老师又没有做什么，主要是学生在做许多事情。

韩军老师电话指导学生写作的这一案例，对于语文教师指导学生写作学习具有深刻的启示价值。

那么，韩军老师到底是如何做的？究竟做了些什么？

且让我们先回到课例中。

一、课例回放

概略回放一下韩军老师电话指导作文的过程。韩老师的指导大致分为三个阶段：第一，概括特征；第二，探究原因；第三，确定角度。

韩老师首先让学生查找天安门上的毛泽东画像，再查找1949—1978年这30年间国庆节当天《人民日报》头版刊登的毛泽东画像。学生发现：超过一半的毛泽东画像以"左侧脸"呈现。最后韩老师再用百元人民币上的毛泽东头像印证了这一结论。

从写作角度看，这一过程属于作者对写作对象做了一番提取基本特征的工作，将所搜集到的材料加以分类比较，从中提取出一些比较突出的特征，这是最初步的概括归纳研究。初步研究的结论是：毛泽东画像通常以"左侧脸"呈现。

从写作教学的角度看，这一环节属于教师引导学生调整思维方向的阶段。学生在教师的指导下，开始确定方向、聚焦思维，从"国庆、天安门、毛泽东"三个关键词中确定了研究毛泽东头像的面部角度问题。显然，这三个关键词之间，具有多种关联的可能，而学生最大的可能就是按照思维定势，从1949年10月1日毛泽东在天安门城楼宣告"中华人民共和国"成立入手。但是，这样的写作，最终不过是复述历史教科书上的文字而已，并非真正意义上的写作。

韩军老师的指导，使学生将自己的思考注入宏大的历史词语之中，看似遥远的概念因此具有个性与情感因素。经过这一番概括，学生的写作愿望被激发了，学生处于一种"兴奋、迫切"的状态。

于是进入研究的第二阶段：探究原因。韩老师只是引导学生通过几个关键词进行自我搜索。这时，学生处于一种满足求知渴望的状态，他的态度是积极主动的。借助网络资源，学生终于圆满解答了自己的困惑。

从写作角度看，这一阶段是作者在真实研究过程中发现问题、解决问题并且通过搜集有效学习支撑或阐释观点的过程。

从写作教学的角度看，这是教师牵引着学生经历了一次完整的写作学习过程。学生因此体会到：有关美术领域以及心理学领域中的"左脸原则"等知识，一方面固然满足了自己的求知欲，但更主要的是为写作提供了极为丰富的内容材料。由此看来，查阅调用外在信息资源可以极大地丰富写作内容。

并且，这还是一次真实的任务写作，是为了解决自己的问题而开展的一次研究性学习，而研究性学习的成果成为学生写作的材料，最终的写作作品则是研究性学习的最终呈现方式。

因此，我们说，韩军老师的这次写作指导实际上只做了如下一件事：设计了一个写作学习任务——归纳毛泽东头像主要特征并分析原因。让学生在完成这一任务的过程中确定了写作方向，获取了写作内容。于是，当初觉得难于上青天的高难度写作，此时便显得易如反掌。

二、策略炼制

学生写作，经常面临"没啥可写"的困惑。他们面对作文题，经常是抓耳挠腮，绞尽脑汁也憋不出规定的区区几百字，最终只好随便写几句凑数。这是不是一种习以为常的现象？个中原因非常复杂，并不仅仅像一般老师通常认为的那样——"缺乏生活、缺少积累"。

成功的写作有一个基本的前提：作者必须具备与所写话题相关的生活经验、事实、百科知识等。当学生感到"没啥可写"的时候，背后可能隐含着如下几个原因。

首先，可能是学生确实没有内容可写，俗称"腹中空空"，写作理论界称之为"主题知识缺乏"。例如，写一篇名人小传，如果对名人生平所知不多，那确实是无从下笔的，这就属于典型的"无米之炊"。这时，教师需要教会学生如何"开发、生产写作内容"。

其次，有可能是学生原本具备相关主题知识，但无法表达自己所了解的内容，这就是所谓的"茶壶煮饺子，有货倒不出"。这时，教师需要培养学生恰切调用、组织写作内容的能力。

还有另外一种可能：学生其实"肚里有货"，但学生自己并不知道自己"有货"，没意识到这些内容其实就是写作内容。这时，教师需要培养学生触发、唤醒自己所积累的写作内容的能力。

韩军老师提供的这一课例，实际上是针对学生写作遭遇"无米之炊"困境而开展的一次有效的写作指导。我们可以从中提炼出写作内容开发的若干策略。

1.开发、生产写作素材

当学生写作确实面临缺乏内容材料之时，需要教给学生向外寻找信息资源的策略。例如，可以通过调查、采访、查找资料等方式，充实写作内容。应该说，这是写作最基本的样式，自然也应该是写作教学首先需要关注的。韩军老师的课例就是向外拓展、寻找资源以充实写作内容的范例。

此外，一些涉及社会问题的写作，需要开展大量调查研究，没有这些研究，之后的写作根本无法进行。例如，我们曾经开展过关于城市流浪狗问题的研究。学生很想知道：在自己的城市里有多少流浪狗？它们的流浪生活是一种怎样的状况？这些狗为什么会流浪？流浪狗对人们的生活有影响吗？市民们对流浪狗持怎样的态度？目前有没有收容流浪狗的机构？……要回答这些问题，显然不可能想当然地乱写一气。这时，就需要学生实实在在地做一番实地采访和观察分析工作。

美国威斯康星州高中语文毕业考试大纲就专门规定：学生应具备研究和调查的能力，"需能从各种印刷的和非印刷的资料堆中，查找使用并表达出合适信息。学生需要有广泛的能力和工具来提出问题、观点并能调查、解决问题，能提出有意义的重要问题；运用复合的信息、资源对现实和观念进行分析和整合；最后得出结论和新的理解；能用恰当的形式表达调查研究的结果"。

深圳华茂实验学校的张国生老师曾就"学校操场的砖砌跑道为什么越来越高"这一现象引导学生进行研究，让学生测量跑道比地面高出多少，让他们调查跑道原先就这么高还是后来变"高"了，并分析变化原因。学生们兴致盎然地研究起来，得出的结论是：不是砌砖跑道变高了，而是操场地面变低了。原因是：由于大风长年累月吹走地面浮土，地面平均每年降低五毫米左右。教师引导学生复习《向沙漠进军》，指导学生写成小论文，提出以下意见：A. 这是我国自然生态被破坏，环境逐渐恶化的结果。B. "向沙漠进军的主要武器是水"，解决这一问题的主要办法也是水——给操场安上喷水设施，遇大风天就喷水，地面就不会继续降低。C. "抵御风沙袭击的另一办法是植树种草"，建议在操场周围种树，以绿化操场、保护操场，并注意保护操场草坪，则可减轻土壤流失。

学生学习活动的对象有两类：一类是以实物存在的客观事物和客观环境，另一类是以心理映象或符号存在的表象观念情感知识体系和学科结构（课堂教学内容大多属于这一类）。综合类研究性学习就是力图融合这两类对象，以参观访问风景名胜、文物古迹，博览群书、融合文理为主要特征。这类学习注重社会文化观念和理论的体系结构，包含更多的理性成分。

有位教师曾组织学生到北京访古，事先准备了大量有关北京的资料。师生们一路走一路谈，到晚上便在旅馆里整理一天中的见闻和心得。他们在藏传佛教圣地雍和宫的学习十分符合研究性学习的特点。一进宫门，教师就让全体学生集中到英文解说牌前翻译解说词，全班同学你译我评，反复斟酌，很快就翻译出来，然后再与汉语解说词做一对比，评定优劣。雍和宫的导游水平之高历来有口皆碑，有学生事先就准备好小录音机，录音后回去稍加整理就是一篇文采斐然的文章，还有的学生正默默地仿效导游的言谈举止。参观之后，许多学生对西藏文化产生了强烈的兴趣，有的学生准备进一步研究佛教思想，还有的学生打算对 20 世纪以来西藏政治的变迁做更深入的研究，而教师则应学生的要求，介绍了这方面的图书资料以及相关网站，让学生自行阅读，写出调查报告或研究论文。

以上均是开发写作素材的有效方式。

2. 调用、组织经验

有时候，学生面对写作任务时，其实是具备丰富经验的。但是，这些丰富的信息以一种原始芜杂的状态存在于学生记忆中。学生难以从这些高度融合的原始材料中遴选适宜的材料作为写作内容，或者无法确定哪些材料可以作为写作内容。

此时，学生面临的写作困难是：高度复杂的经验如同一团乱麻，完全无从下手。

而教师相应的教学指导就是：教给学生从自身经验中调用或遴选适宜内容并加以有效组织的策略。

山西省有一位育英老师曾经介绍过自己指导学生充实写作内容的经典课例。[①]

山西省某校有一次期末考试的作文题是"监考老师"，要求学生以当时在考场监考的老师为对象，写一篇作文。同学们都说这题目出得"太损"，因为这次监考的老师都不是本班的任课老师，大家对这些老师都很不了解。

---

① 育英 . 作文不用学：写给小学生家长［M］. 天津：天津教育出版社，2004：52-54.

许多孩子只写了200多字就没内容写了。于是出现了全体学生写作成绩的大滑坡。其中有位母亲带着孩子，拿着语文试卷找到了育英老师。家长说，40分的作文题，孩子只得了27分。孩子则诉苦说，自己把监考老师的咳嗽声都写上了，实在找不到可写的内容了。这位学生的作文是这样的：

> 丁零零，考试的铃声响了。
>
> 随着铃声，进来一位男老师，他的个子很高，四十多岁。上身穿一件灰色的夹克衫，下身穿一条蓝裤子。黑黑的头发，浓浓的眉毛，大眼睛，高鼻梁，大嘴巴。他走进教室咳嗽了两声，然后走上讲台。
>
> 他先宣布了考场纪律，然后就开始发卷。发完试卷，他又给我们念了一遍题。开始我觉得他很凶，后来觉得他一点儿也不凶。
>
> 他一会儿坐在讲台上看着我们，一会儿到下面看同学答题。他走到我跟前，还朝我笑了一下。
>
> 丁零零，考试结束的铃声响了。他就开始收卷子，收完卷子，就拿着卷子走了。

育英老师把这位学生的作文看了一遍，发现作文只写了监考老师的外貌和监考过程，还有许多内容都没有写进去。于是育英老师拿出稿纸对学生说："现在我写几个问题，你来答。"

（1）你平时考试紧张不紧张？这一次呢？如果紧张，说明为什么。

（2）你坐进教室，在等监考老师来时，想了些什么？做了些什么？

（3）监考老师走上讲台说了些什么？你的感受是什么？

（4）监考老师发完试卷，又说了些什么？你的感受是什么？

（5）在考试过程中，监考老师在你身边停留过没有？如果停留了，把他停留在你身边时的情景写出来。

（6）他给你的最后印象是什么？

学生答完后，育英老师问他：假如现在让你写监考老师，你还觉得有困难吗？那位学生想了想说：我还是觉得写不了多少字。育英老师笑了：你已经写出来了，早就超出了600字了。你把你答的这些话从头至尾读一遍，看看是不是一篇文章?

监考老师

我平时参加考试一点也不紧张,这次考试却有点紧张。因为这次不是我们的老师监考。在我的印象中,其他班老师监考都有点凶。

我坐在教室里,见一位女老师和一位男老师在我们教室门口说话,我心想,但愿监考老师是那位女老师,因为那位女老师看上去很和善,而那位男老师的样子有些凶。我想,假如是那位男老师监考我们,那就糟了。看他那凶巴巴的样子,如果考试时他走到我身边,可能我会吓得连字都不会写了呢。我在座位上双手合十起来:阿弥陀佛,阿弥陀佛!同桌看了我这滑稽样,忍不住"扑哧"笑了。

铃声响了。哎呀,不好,那位男老师走进了我们的教室。我连声叫苦:完了,完了。他一走上讲台就说:"必须遵守考场纪律,不允许作弊,不允许交头接耳。谁违反了考场纪律,我就会请谁立即离开考场!"听他这么一说,我觉得他果然很凶。我的心就有些慌,尽管我没打算作弊。

他发完试卷,又走上讲台说:"大家先不要急着答题,我发现卷子上有些题目印得不清楚,我给大家把不清楚的题目念一遍。"他念完题目又说:"大家开始答题吧,不要紧张,越放松越能发挥好。别看错题,也别漏题。"这时候又觉得他一点也不凶。他对我们就像对自己的学生一样。

考试进行到一半的时候,他走下来看同学们答卷,走到我身边时,他停住了。我抬头看着他,他朝我笑了笑,还点了点头,大概是见我答得不错。考试快要结束时,他还笑得出了点声。他肯定见我做不出那道题,急得一个劲儿地挠头的样子有点好笑。

这位监考老师给我的印象越来越好,我甚至希望到高年级读书的时候,他能够当我的班主任。

上面这个案例中，学生面对作文题只能写两三百字，但这并不是因为学生没有内容可写，而是不知道写什么、不知道如何表达。

学生的原稿中，只写了一个维度：监考老师。自己的心理活动与外在活动等内容完全被忽视了。育英老师则向学生提出了六个问题，借助这些问题，学生就可以触发非常丰富的写作内容。于是，学生在这六个问题的帮助和支持下，顺利完成了对习作的修改。

在作文初稿中，学生从考前等待、监考老师登台、分发试卷、考试过程一直写到考试结束，全文实际上暗含了写作的时间线索，应该说，这是一篇中规中矩的叙事类作文。

很显然，上述学生缺乏将"自我感受"融入写作内容的能力，育英老师于是将这一内容的创生策略作为主要的教学目标。教师提出了六个问题，明确地将学生写作内容指向学生的体验。

这六个问题，其实可以分为两大类。

一类是"一分为三"，也就是说指导学生把一个笼统的"监考"过程细分为三个阶段：监考前、监考中、监考后。

一类是"一分为二"，也就是说，在每一个阶段，都可以从两个维度展开，一是对象维度，着力写监考老师；一是作者维度，侧重写作者当时的具体感受与体验。

如此，一个看似比较空泛笼统的"监考"就可以先细分为三阶段，每个阶段再从"对象"与"自我"两个维度展开，于是，就形成了六个写作维度。

掌握了这样的调用、组织写作内容的策略，"没啥可写"的苦恼就可以迎刃而解了。

3.提供框架、触发思维

有时候，学生在写作中，需要针对写作对象做一番"格物致知"的工作，以便进一步观察了解写作对象。这时，借助一定的观察思考工具，就可以生成并组织相应的写作内容材料。

例如，在复旦大学某年的高考自主招生考试中，曾经有这样一道面试题：看到桌上的这瓶矿泉水，你能想到些什么？请连续不停地说上3—5分钟。

许多学生面对这样的问题同样会觉得"没啥可说"，只好勉为其难地说几句。

学生此时的苦恼同样是因为创生写作内容能力的欠缺。其实，如果具备一些触发思维的知识，就可以创生出非常丰富的写作内容。

这里我们运用"魔方六边法"策略不断创生相关内容来谈论这一瓶矿泉水。

我们知道，魔方的六个边，可以形成无穷无尽的变化组合。我们借助魔方的六边形框架，可以从六个方面对某一事物加以思考、分析。魔方的每一个边分别代表思考分析事物的某一视角，这种思维方式可以帮助我们从不同的角度、侧面分析、思考事物。

"魔方六边法"思维策略具体内容如下[①]：

（1）描述：

这一事物像什么？大小、长短、体积、容量如何？是什么颜色、形状、质感？由什么成分构成？有什么味道？

（2）比较：

与什么相似？在哪些方面相似？与什么相异？在哪些方面相异？

（3）联想：

使你想起了什么？（见过的、听过的、经历过的、读到过的……）

（4）分析：

什么因素使之成为这样？会造成什么结果？

（5）运用：

能够做什么？有哪些用途？

（6）论辩：

对这一事物做出或褒或贬、赞成或反对的论辩。

---

① 祁寿华.西方写作理论、教学与实践［M］.上海：上海外语教育出版社，2000：118.

针对一瓶矿泉水说上 3—5 分钟，只要我们善于运用"魔方六边法"，就可以现场创生无限丰富的写作内容，而不至于张口结舌、无话可说。

例如，我们仅仅运用第一个侧面（"描述"）就可以创生如下内容：

> 看到这瓶矿泉水，我首先注意到它透明、晶莹的水质，它亮晶晶的，折射着上方的灯光，闪烁着像钻石一样的色泽。这瓶水如此纯净，不染一丝尘埃，仿佛水晶一样，宁静而温润。
>
> 如果轻轻啜吸一口，你可能会感受到一丝微微的甘甜，甘甜中又似乎浸润一丝芬芳，似乎原野的芳草沁入了泉眼，把鲜花的清香融入这瓶水中。这份甜味，若有若无，可以萦绕在你的舌尖，弥散于你的口腔。此时你似乎可以感受到大自然的沁凉和美好。
>
> 盛装矿泉水的塑料小瓶，朴素而精致，宛如工艺品。瓶身是圆润的圆柱体，以便增加容积。瓶身上半部柔和地收缩为瓶口，线条自然流畅。纯净透明的瓶身，上顶一只小小的玲珑瓶盖，宛如舞女头上精致的小帽，活泼而俏皮。
>
> ……

其实，你也可以如此不停地写下去。

韩军老师这一课例提示我们：当学生在写作中无话可写的时候，笼统地要求学生多读、多写、多思考是没有意义的。

这一课例透露出写作教学的一大密码：依据学生实际问题，提供针对性指导。这一指导要义是：当学生确实缺乏材料时，需要提供寻找材料的方向与路径；当学生只是无法调用已有材料时，触发学生经验成为教学关键；当学生无法表述时，教给学生感受、思考的框架，以便充分激发学生的思维活动。

第三章　过程指导：写作知识如何镶嵌于活动中？

执教教师简介

周子房，华东师范大学学科教育（语文）专业博士，先后被聘为华东师范大学、上海师范大学等院校中小学语文"国培计划"项目培训专家。

主编《这样作文·初中版》、《这样作文·高中版》；参编《初中语文学科知识与教学能力》、《高中语文学科知识与教学能力》、《语文教学问答100例》、《古诗百首赏析》等作品；在核心期刊先后发表《作文教学中的"支架问题"》、《技能作文·活动作文·功能作文》、《关于写作教学起点的思考》、《关于写作学习过程的思考》等具有影响力的学术论文。

评课要点概述

同样面对学生作文没啥可写，周子房老师的教学与韩军老师看似大相径庭，其实却有异曲同工之妙。

周子房老师课例的价值有三：首先教给明确的写作知识：把时间拉长；其次，通过录像等方式，让抽象的知识具体化，易于接受；第三，通过设计"慢动作"放飞纸飞机之类的活动，让学生内化并能够运用已经理解的写作知识。

写作学习需要有效的知识，而如何呈现这些知识也至关重要。

课例 3

周子房:"慢镜头"写长文章

一、热身

师:现在我给每位同学发一张纸,等会儿要求大家 5 分钟内在这张纸上写篇 100 字左右的作文。

生:不行,不会……

师:其实这并不难。大家只要在这堂课上积极参与,就一定能够做到这一点,可能还不止写 100 字呢!假如说我们今天的活动结束时你还写不出来,那就是老师的问题,是老师没有教好,不是大家的问题!那么同学们该怎么做呢?很简单,大家只需要注意观察,然后放开去写就好了。

注意了,我马上做一个动作,这个动作大概 7 到 8 秒钟完成,请大家把它写下来。明白我的意思吧?再重复一遍:等一下我做一个动作,动作做完以后大家要把我做的这个动作写下来。眼睛好好盯着啊,准备好了啊,从我一进教室就开始算啊,现在我还没出去,不算。(教师走出教室。然后大步走进教室,走上讲台,一拍桌子,大声说:看后面!)

请大家马上写,时间为 5 分钟,标题自己定。

(学生写作)

师:好,同学们,就写到这里吧!现在哪几位同学想读一读自己刚才的即兴之作?如果不行我就点名,最好是自己表现一下。啊?再给 2 分钟啊?好吧,再给 1 分钟,就 1 分钟。……好的,有的同学已经站起来了。好,你把自己写的读一读,大家先听一听。

生:今天星期三,尽管雨过天晴,但天空依旧很暗。又到了下午第一节课,周老师还是戴着那副熟悉的大眼镜,穿着黑大衣威严地走进了教室。不知什么原因，他一进教室，关上门，手往桌子上一拍，让我们往后看，我们都惊呆了。

师：大概多少个字？数一下，今天我们写作，字数是一个很重要的指标。还有哪位要谈谈自己的作品？可以只说思路，没写完的可以说思路啊！

生：我写的比较简短。（读）教室的门被打开了，周老师走进了教室。只见他随手关了教室门，然后面向全班同学，伸出右手啪的一声在桌子上拍了一下，说："看后面！"

师：好的，谢谢。

生：我的题目是"子房发怒了"。（读）一张憋得通红的脸，子房老师从教室外踏进来，牙关咬紧，不大的眼睛在亮晶晶的镜片后面闪着寒光，加上竖眉就更加怪异了，不知什么原因让这位老大胸闷气喘了。黑衣夹裹着风，怒目圆睁，两步跨上了讲台，大手一挥，手往后面一指，看后面！！！三个感叹号从嘴边蹦了出来。

师：我们给她一点掌声好吗？写得真不错。时间关系，没有让大家尽兴，这个环节，我们就先到这里。现在呢，我要提高一点要求了。就这么几秒钟的事情，如果要大家写成 1000 字的文章，大家觉得有困难吗？

生：（大叫）好难啊，肯定不可能！

二、看录像，学写作

师：那我今天要做的就是想办法把这种不可能变成可能。现在老师要教大家一个诀窍。请大家看两个影视片段，大家要带着问题看！看什么呢？看姚明打篮球。（播放姚明灌篮录像）

喜欢篮球的同学肯定知道，持球进攻的时间应该是多少？24 秒对吧？如果 24 秒之后姚明还不投篮，他的球权应该给谁？给对方，对吧？这是真实篮球比赛中的一个规则。

下面我们大家一起来看一段动画片。（播放《灌篮高手》）请看看流川枫进攻花了多长时间。请大家一定注意，等一下我要提问的。这里有计时器，请这位同学来计时。

视频解说：流川枫进攻了！接到同伴的传球，他以迅雷不及掩耳之势，朝对方的球区跑去。（1秒、2秒、3秒……）流川枫跑着、跑着……（21秒、22秒、23秒）流川枫还在跑着、跑着……（28秒、29秒、30秒！）

终于，流川枫进攻了。他没有把球传给任何人，而是晃了一晃，做个假动作，一步、两步、三步，好一个漂亮的三步上篮……

就在这一刻，1秒、2秒、3秒，流川枫在往空中飞升……4秒、5秒、6秒，他仍然在往空中飞升……7秒！就在7秒时，他突然停住了，右手高高地举起，五指紧紧抓住圆圆的篮球，8秒、9秒、10秒……

这时，全场轰动，有人露出了惊恐的神色；有人表现出欣慰的惊喜；有个对方的高个子队员张大了嘴巴，恨恨地骂道："可恶！"还有个姑娘把嘴张得大大的，眼睛里含着眼泪，高声喊道："太棒了，太棒了！"

"哐"的一声，流川枫终于把手中的篮球扣了下去，而这时篮球在他的手中已经足足有3分钟之久！

看完录像后教师问学生流川枫投篮用了多长时间，学生答189秒。于是大家一起计算：姚明灌篮24秒，流川枫灌篮189秒。这之间165秒的差距是从哪里来的？为什么《灌篮高手》中的投篮过程会多出这么多的时间？

生：因为动画片里增加了有关场外教练和观众的内容。

师：哦，有场外的观众，有教练，还有呢？球员的想法，如果说用我们大家很熟悉的术语来讲，这些内容应该叫什么呢？描写，对吧？我请一位同学上来写一下，行吗？大家说说看它有哪几种描写？

（学生七嘴八舌：心理描写，语言描写，动作描写，神态描写……学生一一记录在黑板上。）

师：还有吗？

生：场面描写。

师：好啊，大家看看，心理、语言、动作、神态、场面，这么多的描写大家都知道啊！可是，为什么我在大家的作文中几乎看不到这些呢？这些知识老师平时跟我们的同学讲不讲啊？为什么没有用啊？

生：没有看过这个片子。（众笑）

师：那么现在我们明白了一个问题：很多知识大家都有，但是不知道运用，是吧？现在我们来讨论流川枫这段录像，它和姚明投篮的录像相比，最大的区别就是把时间拉长了。大家看，教练在表达自己的想法的时候要不要时间？（学生答：要的。）然后写外面观众的反应，要不要时间？（学生答：要的。）一个个观众写过来，要不要时间？（学生齐答：要——的！）很好，那么，刚才同学们写我刚刚做的那个动作，为什么都只写我，不去写当时的环境啊？有没有同学写当时你的左邻右座是什么样子啊？都没有写哦！大家想想，如果把这个加进去会多出多少篇幅？当时你自己心里不是有很多的想法吗？为什么不去写呢？刚刚有位同学也写到一点，他在推测我干吗这么生气，这就开始有点感觉了，对不对？你想这些内容要写进文章去该有多少呢？

下面，我们再来看一个动画，大家注意哦，这里面还有点新东西。

（教师播放动画）

最著名的就是所谓"小姐下绣楼，下了两个星期"的例子。

看到窗外的大好春光，突然想下绣楼，

旁白：有一种曲艺叫作"评话"，说"评话"的艺人也就是说书先生。说书先生就很有一套把时间拉长的本领。

譬如，今天他说到古代有一位闺房小姐，看到窗外的大好春光，突然想下绣楼，到院子里去感受春天的气息。说书先生首先说说这位小姐的相貌举止，兴趣爱好，再来介绍她的心理状况，还要描写她的丫头、佣人，如此这般，一讲就讲了两个半钟头。这时，"醒木"一拍："诸位，若知小姐究竟如何下这绣楼，且听下回分解。"

第二天，小姐准备下绣楼了，但是，总得打扮打扮哪。于是如何涂脂，怎样抹粉，如何戴耳环，怎样挽发髻。发髻起先怎样挽得不好看，小姐不太满意，拆了重来，等等等等，如此这般。一讲又讲了两个半钟头。这时，照例醒木一拍："诸位，若知小姐究竟如何下这绣楼，且听下回分解。"

第三天还有第三天的事情，譬如说小姐刚走到楼梯口，突然想到应该拿一把扇子，又回头去拿扇子。总得描述描述那把扇子的来历吧，因为这把扇子还是她父亲的朋友送的，而这位父亲的朋友又是一位英雄人物啊。于是，又一次"且听下回分解"。

这样，小姐是不是走两个星期还下不来绣楼呢？

师：好，请大家注意思考一个问题，刚刚这个小姐下绣楼，跟前面的流川枫灌篮有相似的地方，也有不同的地方，大家有没有发现？它还用了什么？悬念。还用了什么？穿插故事，插叙对吧？插叙一般都要靠什么？展开联想想象。比如说，我刚刚做的这7秒钟的动作，你有没有联想到你以前的老师生气是什么样子呀？

生：没有。

师：应该想啊，有很多似曾相识的事情或者人物嘛。你看到周老师今天很生气，你就可以自然联想起自己小学、中学的某一个老师也曾经如此，可以吗？这样一来，你说这故事写得完吗？讲得完吗？大家有没有明白一个道理啊？这个动画片是用了一个什么手法？联想，正是这个联想，把很多的插叙插进文章中，于是，你的故事可以没完没了地讲下去，对不对？

大家看看，假如还写刚才我那7秒钟的活动，单单就拉长文章而言，是不是可以无限写下去？现在，如果我们暂时不管主题如何，事实上我们是可以把这个故事无限延长地写下去的。所以，假如重新把刚才的文章再写一遍，大家还会觉得写1000字很难吗？（学生答：不难！）

三、用知识，练写作

当然，也可以不写那个主题，有想写点别的的同学吗？写什么？就写一写打喷嚏如何？如果愿意的话，不妨也用刚才这套办法试一试，写写你在别人面前打喷嚏的糗事。我相信这回大家的感觉一定不一样了。（学生很投入地埋头写作。10分钟后……）

师：哪位同学写好了，读一读和大家交流交流？

生：我写的是周老师。（读）

哟，今晚景色不错，但还是要看老师的脸色，全班同学坐在椅子上等待老师的出现。不一会儿，老师出来了，如同抽风似的，脚踩在地上，咚咚直响。霎时，同学们炸开了锅似的，议论纷纷，有的说今天老师心情不好，小心小心；有的却不以为然，没事没事。只见老师走到讲台前，右脚一蹬，这下同学们的脸全都晴转阴了，心里想：一定是考试考得不好。

仔细一看，老师脸上红得不能再红了。虽然看不见，但也知道老师的牙齿，一定是齐刷刷地咬在一起。只见老师伸开手掌，用老师级排山倒海的力度拍在了讲台上，乖乖，这一拍不要紧，山崩地裂，宛如地震般恐怖，可能老虎见了都害怕。我们立刻像蜗牛般缩起来，这回心里想的不是怕，而是超怕，竟是超超怕！

没有心思再去想与课堂无关的事，只见老师提起这手，等一等，这手可能练过老师级弹指神功，我还是捂着脸早有防备的好。一定有同学要遭扁了，有的同学还幸灾乐祸，笑着说：哈哈，我没事就行了。不过，令人浑身发抖的事情发生了，老师的手倒是没干什么，而是用起七级虎啸狮吼功了，就在0.01秒的时间内，我们齐刷刷地捂住了耳朵，脸也不管了。更令大家意想不到的是，老师居然没有讲某某某考了多少分，某某某不及格，而是响亮地叫了一声：看后面！

我们就像全部被施了法术一般，脖子全都往后扭，哎，没什么呀。

唉！几秒钟的时间，老师没发什么火，我们竟然草木皆兵。

虚惊一场！

师：好，写得真好啊。谢谢你。对照刚才所讲的几点，大家看看他多写了哪些东西。还有写打喷嚏的作文吗？

生：我来！

我的鼻子突然感到很痒很痒，痒得钻心，我像猴儿那样耸了耸鼻子，用拇指和食指捏着鼻尖揉了揉，想制止喷嚏的出现。因为现在绝不是该打喷嚏的时候。你要知道，我犯错误了，语文老师正把我叫到办公室，对我进行思想教育呢，如果我这时打起喷嚏来，老师岂不是以为我在捣蛋？想到这里我咬了咬嘴唇，这时语文老师那圆鼓鼓的眼睛正瞪着我，确切地说是瞪着我的鼻子。顺着她的视线，我看到了我的鼻尖，它在我的眼前像一座小山丘，小山丘仿佛要出现地颤，因为我分明看出山上已经冒出细细的岩浆。鼻子又痒了起来，不知道是被老师看痒的，还是有一只小虫在鼻子里作祟，我有些忍不住了，全身抖了一下，像是要把鼻子里的小虫驱逐掉，摇摇晃晃的。

"干吗，站好，看着我！"语文老师说。我站得笔直，但是鼻子已经完全不听使唤，那感觉又来了，我连忙伸出双手来，掩住鼻子。我想我的鼻子和语文老师离得这么近，如果这个时候爆发，一定是直冲着语文老师的脸去的，那就更不得了了。但是鼻子又不痒了，我理所当然地把双手放下。

然而，恰恰就在这放下手的瞬间，鼻子又奇痒无比。说时迟，那时快，我再也克制不住，张大嘴巴，闭上眼睛，不由自主地猛吸了一口气。迷糊着看见老师一双惊讶的眼睛和像避开炸弹似的调头的动作，我已经没有对老师的表情做出反应的时间和能力，再也忍不住了，阿嚏一声！我狠狠地将头往前一冲，腰一弯，双手一拍大腿，右脚一蹬地，终于完成了这个可怕的喷嚏！

师：好，谢谢。你课后要把这篇文章打出来给大家欣赏啊。

四、放飞描写

师：下面我想做个游戏。请大家回到童年，咱们来玩纸飞机好不好？大家判断一下，飞机在你手上，然后让它飞出去一直到落地，估计有多长时间？

生：三四秒吧！

师：好，就算3秒吧。我要求我们六年级的同学至少写出400字，想不想来试试啊？好，大家拿到老师发下来的彩纸后，请认真折一架纸飞机，其实折飞机本身就可以写作文啊！然后呢，再给你的飞机取一个名字，这个名字要有创意啊。大家会折飞机吗？不会，不会就将就着折吧，你喜欢折成什么样子就折成什么样子。

（学生饶有兴趣地折起了纸飞机）

师：好，都折好了吧？都折好了，那听我指挥！好，全体起立！把飞机举起来，自己感受一下。现在大家心里都有想法吧？采访一下，你有什么想法？

生：我的想法就是我的飞机要飞得更远更高。

师：希望自己的飞机飞得更远更高，好想法哦。你呢？

生：我在想我折的这个飞机能飞起来吗，我担心它飞不动。

师：好，有想法就行，你的想法一定要记住。大家也都要记住啊！好，做好准备，全部举起来！预备——等一下，等一下，我发现有个同学动作很特别。就是你（教师指一位同学），你来还原还原，刚才是怎么做的？（该学生做出刚才的动作。）这个很重要的，大家注意看一下他的动作，身体往后仰，脚跨出弯弓。你说说看，你为什么要做这个动作？

生：我想让它有一个冲力嘛，这样容易往前冲，可以飞得远一点。

师：想法很好！好，准备——

生：起飞！

师：哎，不要不要，听我指挥啊！千万要听指挥，否则重来啊。别急着起飞！请大家再注意一下，看一看你左边是谁，右边是谁，他是什么表情，你估计你的飞机飞得比他的远还是近。再想一想你的飞机飞出去以后是一个什么样的弧线，空中会出现什么样的场面，你一定要先想好啊，飞机飞之前你就必须把这个猜测写进文章中去的呀！你可以猜测，对不对？

好，现在大家开始放飞吧！无论往后、往前、向上飞都可以！

生：向上飞不了吧！

师：飞不了啊，那你爱怎么飞就怎么飞吧！一、二、三，放飞！注意观察飞机的飞翔路线，看看飞机如何落地，再看看同学们的表情。

（学生开心地放飞飞机，注意观察飞机的姿态和同学的表情。）

师：好好好，坐下来，坐下来。同学们，我们难得回到童年啊！接下来，如果要把这个过程写下来你看你能写多少字啊！你们预计一下。

生：（七嘴八舌）1000字！ 1500字！

师：嗬！能够写千把字了啊！看来现在用1000字的篇幅写几秒钟的事情已经没困难了，是吗？你们觉得有困难吗？

生：没有困难。

师：是不是真清楚怎么写了？

生：清楚了。

师：由于时间关系，我们没法在课堂上写1000字的作文，那课后大家把刚才的事情写出来吧！行吗？

生：行！

（课后，周老师专门分析了学生完成作文的状况，发现这些初一年级的学生在经过教师指导后多数已经掌握了"拉长时间"的手法。在写"飞纸飞机"这一事件时，学生对于只有2秒钟内就完成的事情洋洋洒洒写了许多有趣的内容，作文平均字数达到523个，写得最长的同学竟然写了1037字。全班30位同学，有25位能具体、多方位地将"飞纸飞机"的过程展开来写。）

品评：
呈现合宜的写作知识

在教学起始阶段，学生面对 5 分钟写 100 字的写作任务都会觉得为难；经过周子房老师的一堂指导课之后，一口气写 1000 字大家也觉得绰绰有余。

这，就是高效率的写作教学。

周子房老师这堂课究竟为什么成功？对于写作教学有何价值？

成功的原因，大致有如下几点。

一、炼制有效的写作知识——"拉长时间"

学生之所以感到写作很困难，有一个非常主要的原因：生活现象非常复杂，学生面对这些复杂现象，难以觉察，更难以言说，于是只好笼统地描述一下自己对事件、事物的大致印象，只言片语，失于空泛。自然会感觉笔端枯涩，文思不畅。

周老师针对这一现象，教给学生一个叙述事件行之有效的写作知识：拉长时间。这一知识原本只是叙述学理论中的基本知识：真实时间与叙事时间。周老师将这一知识引入写作教学，并且做了精心设计，形成了能够有效支撑学生写作学习的教学方案。

在叙述学理论中，有两类时间需要加以区别。一是真实的自然时间状态，比如，一堂课耗时 45 分钟，我们称之为"真实时间"；还有一类是"叙事时间"，"叙事时间"也叫文本时间，指的是故事内容在叙事文本中具体呈现出来的时间状态，说白了就是"讲故事"所耗费的时间。这时，"真实时间"与"叙事时间"就存在三种关系。

第一类是"叙事时间"＝"真实时间"：例如，我们用摄像机真实地拍摄一节 45 分钟的课，或者我们用 45 分钟去描述一节课。

第二类是"叙事时间">"真实时间"：一个动作也许耗时 1 秒钟，但作者用了更长的时间描述这个动作。

第三类是"叙事时间"<"真实时间"：一次活动耗时数分钟，作者只用几秒钟就叙述完了，这是最为常见的叙事方式。

多数学生写作文基本上属于第三类，三言两语叙述一个事件的大概，难以给读者留下深刻印象。

周子房老师这堂写作指导课有一个根本目的：让学生学会第二类叙事方式，使得"叙事时间">"真实时间"，也就是他在课堂中一再强调的"拉长时间"。

我们知道，生活现象是全息的、多维的。事件的发生虽然在时间上不过延续短短几秒钟，但是这些事件本身是复杂的，包含着多种情境和因素。当我们用语言描述这一事件时，实际上等于用线性的文字叙述全息性的事件，事件持续的自然时间虽然短暂，但是叙述这一事件时，却需要逐一、多维地展开叙述，因此，叙述时间的拉长就水到渠成。因此，所谓"拉长时间"，"拉长"的实际上是"叙事时间"而不是自然状态中的"真实时间"。

"拉长时间"是有策略的。周子房老师教给学生的策略是：拆分全息的时间。

在上述课例中，真实的球赛中的投球动作，不过短短数秒钟，但是，如果要描写这个动作，就可以先写球员的动作、心理、神态，然后再写观众的反应、赛场的整体氛围、对方球员的表现……每一个侧面都加以叙述，叙事时间自然变长，所叙述的内容自然丰富了。

事实上，也有学者提出过类似的观点。例如，刘海涛就曾提出"延宕"叙事策略。[①] 所谓"延宕"，就是当叙述流程进行到一些关联着叙述主旨和作品深层意蕴的叙述材料时，就应该放慢叙述节奏，加大叙述力量，大量铺排生活细节，使文本的叙述时间长过生活事件实际发生的时间。

刘海涛所主张的制造"延宕"的两种主要方式对于写作教学也很有借鉴

① 刘海涛.叙事类文体的基本模型［J］.语文世界·教师之窗，2009（Z2）.

意义：一是铺排叙事时空相同的生活细节来重复关键性的叙述材料；二是叙述内涵相同但时空不同的另一生活细节。

刘海涛所介绍的"延宕"方式一，与周子房的"拉长时间"类似，就是聚焦"投球"这一叙事时空，铺排球场上诸多相关细节（如观众甲乙丙丁的反应），多维度加以渲染。而"延宕"方式二则如同另外开辟了一个遥相呼应的"世界"，通过引入外援的方式，用另一时空中的事物来丰富叙述主旨——例如，我们叙述球员的假动作，就可以引入足球、商场乃至战场上的"暗度陈仓"实例来充实写作内容。

可以说，选择有效的知识作为教学核心内容，是写作教学的应有之义。

二、研究写作知识的呈现方式

写作教学中离不开合宜的写作知识，但是知识通常是静态的、非常抽象的，一般情况下，仅仅把知识告知学生是低效的甚至是无效的。

这时，就需要研究知识的呈现方式。教师在课堂上呈现知识的方式是很有讲究的。例如，在上述课例中，周老师可以介绍"叙事时间"与"真实时间"的概念、原理以及两个概念之间的不同，应该说，这些知识均有价值。但是，在写作教学中学习知识，更多的不是为了解释原理，而是为了解决问题。因此，周老师没有多言叙事原理，而是提供了视频"姚明灌篮"、"流川枫灌篮"片段并且与动画"小姐下绣楼"进行比较，让学生在比较中意识到：叙述时间可以随着作者的需要任意地拉长；生活中发生的再短暂的事情，也可以通过各种手法，写得十分仔细、具体与丰富。通过观看两段视频，学生可以强烈感到"真实时间"和"叙事时间"之间的巨大不同。

其中，最关键之处在于教师揭示出了录像中所蕴含的关键知识。教师简要的解说，让学生加深理解。

周老师之所以选择两段视频是大有讲究的：姚明灌篮与流川枫灌篮，有相同的一点，那就是篮球规则；更重要的是二者有不同的地方，那就是：一个是真实的生活，一个是艺术性的动画故事。此外，流川枫灌篮和小姐下绣楼这两个材料，也有异同。相同的是：二者都运用了艺术中的时间的拉长。

不同的是——艺术显示方式的差异：一个用了大量的描写，一个用了许多插叙。

本课例中，周老师呈现写作知识的方式之所以值得研究，主要在于他充分发挥了多媒体等相关资源的教学优势，从录像片和动画片中提取有效的写作知识。

最后，在周老师的帮助下，学生还结合自己个人的体验，总结和提炼出了拉长作文时间的方法：描写（含外貌、动作、语言、心理、环境等描写）、联想、想象、插叙和倒叙等。这是教师与学生合作所提炼出的有效的关于"怎么写"的知识；这些知识并不是一种单纯供学生记忆背诵的静态知识，而是可以运用的活化的知识。

总之，作文教学主要应该给学生提供"处方性"知识，教师必须让学生知道"怎么写"，仅仅告诉学生某个写作原理是没有用的。

三、设计合宜的写作学习活动

写作是一种实践性很强的行为，没有课堂上学的活动，就难以形成基本的能力；写作既然是实践活动，如果没有一定的知识参与，同样无法发挥实践的重大作用。

本课例中教师设计了非常丰富的学生"学的活动"，有学生的"试写"，学生在教师指导后的"重写"，学生在教师要求下的"分解动作"，还有学生被激发起强烈兴趣后的"课后写作"。

写作教学过程中，教师组织学生开展各种类型活动的现象屡见不鲜。常见程序是：教师设计活动—师生开展活动—学生写活动，其目的是解决写作"无米下锅"的窘境。但是，写作教学绝对不是简单地让学生活动一番就了事的。为什么开展这些活动？如何设计组织活动？如何使得活动与学生的写作学习发生关联，这些问题需要我们认真思考。

周子房老师这一课例的成功之处在于他设置了一个又一个写作学习活动，并且整个写作学习过程都由这些活动串起。最终不但使学生认识到把文章写长应该拉长"作文里的时间"，而且还能够在写作中掌握并有效运用许多具体而有效的其他方法。

四、"慢动作"写作教学法

与"拉长时间"有异曲同工之妙的是周老师的"慢动作"写作教学法。

周子房老师非常注意在关键的地方放慢教学脚步，为学生提供足够的反思学习的时间。比如，在学生折叠好纸飞机之后，周老师要求学生做出放飞的动作，却又不让学生放飞，这相当于电影艺术中的"定格"：实际上就是为了把一个非常简单的过程极为醒目地凸显开来，以便引起学生的特别注意。为什么不让学生马上放飞呢，其实就是想通过这个方式让学生把当下的心理活动再次体验一番，把当下的细节全部记住。

这一暂停，使得学生重新感受一番自己正在做什么动作，猜测自己的飞机会怎么飞，再次观察整个班级是个什么样的场面，这个时候老师有哪些表现，这些都足以引导学生关注。

非常有意思的是：学生活动的时候，老师让他们排队，排成各种形式；学生非常想飞就不让他们飞，这时候我来采访你，这些做法究竟有何奥妙呢？因为只有这样做，学生才会记得住，当学生经常受到这样的训练以后，他们就会形成这种习惯，他们会想自己的生活中其实发生过许多比放飞纸飞机更有趣的事情，这些事情一旦像播放慢动作一样定格下来，其实都可以写成文章。

这种课堂演示有很重要的功能，它使得作文具有可教性。

这正是：知识诚可贵，呈现价更高。写作知识的合理呈现，就是如此重要。

第四章　教学内容：是预设，还是生成？

执教教师简介

郑桂华，华东师范大学课程与教学论博士。先后在华东师范大学第二附属中学、华东师范大学中文系任教，现为上海师范大学中文系教授、博士生导师，教育部"国培计划"专家库专家。

上海市新课标高中语文教材副主编，上海市新课标初中语文教材特约撰稿人，上海市青语会副理事长。著有《听郑桂华老师讲课》、《语文有效教学：观念·策略·设计》、《语文教学的反思与建构》等专著。

评课要点概述

郑桂华老师的两个描写教学课例堪称范例。郑老师依据学生的实际描写水平，因材施教，其中许多地方可以为写作教学提供示范，如下三点最值得借鉴。

其一，先写后教，通过学生习作暴露学生真实写作状态，为随后写作教学打下基础。

其二，依据学生实际，现场明确写作教学目标，或尊重描写对象展开描写（有啥写啥），或传授"写具体"、"写生动"之类的描写策略教学。

其三，每一教学内容均足以支撑所确定的目标，所有教学内容均具体可操作，便于运用。

课例 4

郑桂华：一幅图画，两类描写

郑老师曾在不同省份、面对不同的学生让学生描写同一幅图画，结果，写作课堂上呈现出完全不同的内容与方法，但是都取得了较为理想的效果。教学之后，学生普遍由不会描写到初步会描写，由个别会描写到普遍会描写，由原来朦胧地模仿描写到知其所以然地自觉描写。

课例一："有什么写什么"①

郑桂华老师面对的是初一学生。郑老师拿出一张图片，让三位同学上讲台来描写图片中的情景。一个男孩子很认真很热情地上讲台来写："两只青头鸭，结伴在碧绿的江水上嬉戏。它们沐浴在早春的阳光中，欢快地叫着，互相在水上追逐，拍打着翅膀溅起一堆珍珠似的水花。真是春江水暖鸭先知。"

写完后，下面听课的上千人热烈鼓掌，那小男孩得意得不得了。老师们为什么热烈鼓掌？因为大家觉得学生写得很好了。有一个教研员后来很真诚地对郑老师说：学生写得那么好，我真担心你下面的课怎么上。已经写得那么生动了，你还能怎么叫他写得更生动更具体呢？于是，郑老师让同学们仔细对照图片和那位同学的描写。同学们一看，怎么回事？他写得和图片上的画面完全不一致。图片上根本没有那位男孩所描写的内容！

第二位学生的描写问题也很大。

（1）"那水平如镜的湖水"——用比喻确实用得很流畅。

（2）"一对鸭子在泛清波。瞧它们悠闲自由的样子，不时探头入水寻找鱼儿，不时扭头梳理身上的羽毛。"——看看图片，鸭子有探头吗？有扭头

---

① 郑桂华.描写的奥秘［J］.语文学习，2007（9）.

吗？都没有。但是学生却凭自己的想象这样写了。为什么会这样？

（3）"它们无忧无虑地游着，与湖水构成一幅美丽的风景画。"——请问，美丽的风景画是什么样的一种风景画？这完全是用主观评价来代替描写，也就是说学生的描写中缺少具体的展现和如实的展现，完全是一种个人的感受。

第三个孩子的描写也差不多，只是用了些诸如"纯朴自然、了无杂念、时间骤然停止"等词语，当然初一的孩子能够用这种词已经很厉害了，但是到底什么样子才是"纯朴自然"呢？图片中有吗？没有。这其实就是不具体，说明学生只会泛泛地运用一些自己未必清楚的词语。

郑桂华老师从这三位学生的现场写作片段中分析出了如下学情：三位同学，都很会用修辞，但对于图片上的实际事物，他们却视而不见。图片上原本有湖水、鸭子，但全班40个学生居然有27个同学只写到一个对象。于是，教师得出了基本结论：学生在描写时习惯用想当然的内容来代替对描写对象的描绘。

郑老师依据这一学情，确定了这节课所要达成的目标：克服想当然，克服学生习惯性地用想当然来代替描写的毛病。克服"想当然"毛病的办法就是教会学生有什么写什么。照片上的鸭子原本是很安静地游着，那么就不要去写什么"溅起一堆珍珠似的水花"，没有水花你却写溅起水花，那就是无中生有。郑老师告诉学生：所谓的描写应该是"有什么写什么"，如实地展现描写对象，这是描写的第一要义。没有的东西就不应该无中生有地写出来，否则就不是描写。

课例二：描写三策略[①]

在另外一次教学中，郑老师用同样的图片要另外一批学生描述。结果，许多学生绞尽脑汁只写出这些平淡的句子：

（1）画面上有一个湖，水里，有两只小鸭子游来游去地玩耍。

---

① 根据郑桂华2012年11月于上海师范大学"国培班"所做专题报告的录音整理。

（2）在清澈的水中，有两只可爱的小鸭子，你追我赶地嬉戏。

（3）在清澈的水面上，两只淡黄色的小鸭子在自由自在地游着，它们看上去很悠闲。

和上一课例相比，这一课例中的学生所做的描写确实很一般，对描写对象的描绘非常干瘪苍白。与多数学生遭遇的描写困难一致，"没啥可写"，这就是学生写作的真实状态。郑老师的这堂写作指导课依然首先从展露学生的写作结果开始，以此了解学生的写作起点，这是微型课程设计的重要原则之一。

于是，郑老师依据学生"没啥可写"的学情确定了一个具体的目标：让描写具体丰富生动。并据此确定了实现描写具体生动这一目标的三大支撑性学习内容：

（1）"有什么"，使我们明白描写的对象；

（2）"怎么样"，使描写具体起来；

（3）"像什么"，使描写变得形象起来。

1. 导入

（课前几分钟，郑老师正与学生闲聊，说说笑笑，很是融洽。）

师：刚才几个同学谈了对我的印象，观察还是很仔细很准确的。我问大家一个问题，你觉得自己会描写吗？会描写的人请举手。

（没有学生举手）

师：（对刚才描述老师模样的学生说）你怎么没有举手？

生：我不会。

师：你刚才不是描述过老师吗？这说明你会描写，实际上你们都会的。下面我们来尝试一下。（投影：两只鸭子游水图）

2. 初次描写指导

师：看到这幅画面了吗？我请三位同学到黑板上来写，其他同学在纸上写，我要看你们到底会不会描写，看你们描写得怎么样。写一句话、两句话都可以。好，开始！

（学生写）

师：我们来看黑板，左边第一位同学，请把你的作品读一下给大家听。

生：画面上有一个湖，水里，有两只小鸭子游来游去地玩耍。

师：第二位同学。

生：在清澈的水中，有两只可爱的小鸭子，你追我赶地嬉戏。

师：第三位同学。

生：在清澈的水面上，两只淡黄色的小鸭子在自由自在地游着，它们看上去很悠闲。

师：请坐。大家看三位同学写到的共同的东西是什么？

生：鸭子。

师：共同的是"鸭子"，这个能不能少？

生：不能。

师：为什么不能？

生：因为这是描写的对象。

师：好。也有人叫作……主人公。

（板书：对象、主人公）

师：那么除了鸭子之外，描写对象还有什么？

生：湖水。（也有学生叫"水"、"池塘"）

师：（板书：水）他们都写到了鸭子和水。但是，这个是"水里"，那个是"在清澈的水中"，那个是"在清澈的水面上"。你们说这三个句子，哪个描写得更好一些呢？

（学生意见不统一）

师：（在黑板上写出这些字）这三个句子可能各有特点，那么我想问，哪个地方好，或用了什么词语就显得好些呢？

生：形容词。

师：形容词，也就是说在这个对象之前有了什么？

生：修饰。

师：描写对象是鸭子和水，前面加上"清澈的"这样一个修饰，这个形容词形容了水的什么？

生：样子。

师：样子，或特点。水的特征。

（板书：特征）

师：上面几句有哪些词语是表示鸭子、水的特征的？

生："清澈"、"可爱"、"淡黄色"、"悠闲"。

师：还有"自由自在"、"嬉戏"，也是描写它们的样子。如果没有这些特征，我们会觉得怎么样？

生：不够具体。

师：对。你们觉得除了用形容词这一点之外，哪一种表达更好一些？为什么？你们每个人在下面也写了，看看你写的，比这三位同学还要好一点的话，也给我们欣赏欣赏。（学生沉默）这个问题有挑战性。第一，你要判断上面的三种说法还有哪些地方是让你比较喜欢的；第二，你要把自己写的与他们的相比。谁来完成这个挑战性的任务呢？一个一个解决也可以。

生：在平静的水面上有两只小鸭子，它们全身有细细的绒毛和灰白相间的花纹，它们追来追去，像两个无忧无虑的孩子在嬉闹。

师：精彩吧？

生：非常精彩！

师：你来把它写到黑板上，好文章要分享。（该生上讲台写）其他同学思考，他的描写好在哪里呢？好，请你来说说看。

生：他运用了比喻和拟人的修辞手法。

师：为什么用比喻、拟人就好呢？

生：更生动。

师：好，比喻和拟人使文章生动。请坐！请另一位同学再来说说。

生：他写得很生动很形象，写的小鸭子很活泼。

师：好的，从效果上讲是生动形象、活泼可爱。你们的感觉非常好。

同学们，我们刚才发现了描写对象：鸭子和水，又看到了它们的特征：鸭子，是灰白相间的长着细细的绒毛的鸭子，而且是游来游去，是在嬉戏；水呢，是清澈的水，平静的水。有人还感觉到它像什么，用了比喻。这样一来，你们觉得这段描写怎么样？

生：精彩。

师：这段描写就合格了，甚至说是比较精彩了。好，现在，我们来总结一下：首先，描写是什么呢？描写就是把你看到的东西，一个人，一件物品，或一个场景告诉一些没有看到的人。那么，如果你要告诉我们你看到的一样东西，首先你会告诉我们什么？肯定要告诉我们"那里有什么"。（板书：有什么）这个画面上有什么？刚才几个同学已经告诉我们了——

生：有鸭子，有水。

师：仅仅告诉我们有什么当然还不够，我们还想知道它们的特征、动作、细节，也就是要告诉我们"它们怎么样"。（板书：怎么样）刚才几位同学也告诉我们了，鸭子怎么样，水怎么样，对吧？但是，有时候，我们感觉还不够，还需要告诉我们"它们像什么"。（板书：像什么）你看，有了这三条，他的描写就不一样了，是不是？"有什么"，使我们明白描写的对象，"怎么样"使描写具体起来，而"像什么"使描写变得形象起来。这三条原则，明白了吗？

生：明白了。

3.初稿修改指导

师：好，现在，我们就用这三条原则，来检验你刚才的描写，看看你的描写还缺了什么，哪个地方还可以更好一点。当然你也可以给别人改，改好以后，我们再来交流。

（学生修改，交流。）

生：水平如镜的湖水中，有两只天真活泼的小鸭子，就像两只小毛球浮在一块大玻璃上。

生：平静的水面没有一丝波纹，两只小鸭子优哉游哉地游着，像一对小姐妹在漫步。

生：两只小鸭子在碧绿的水中悠闲地游玩，像天鹅湖里的一对小天鹅。

师：意境很美，我看一些作家的描写也不过如此吧。对这些描写大家有什么看法？

生：我觉得他（指黑板上）说"追来追去"不对，因为，画里的水没有波动。

师：（对全体同学）他讲得有道理吗？

生：有！

师：对，相当有道理，他其实谈到了一个重要问题，就是我们描写怎么样、像什么，必须有一个前提，要尊重什么？

生：事实。

师：首先要注意确有其事，不能想当然，它有什么，是怎么回事，我们都要把它还原出来。好，这位同学能不能试着改改看？

生：说"漫步"不太合适。

生："欢快"也看不出。

师：对，这几个词需要调整一下。那么"可爱的孩子"可不可以追闹？

生：可以。

生："碧绿"不太好。

师：我们写一下。（板书：碧绿）那可以换成什么词呢？

生：改成"蔚蓝"。

师：（板书：蔚蓝）"蔚蓝"常用来形容水色的是吧？还有其他词吗？关于湖水，有好几位同学用了"平静的"、"宁静的"。（板书：平静的、宁静的）

生：柔柔的。

师："柔柔的"，好。请问，我为什么把这几个词写到黑板上让大家关注呢？"清澈"、"碧绿"、"蔚蓝"、"平静的"、"柔柔的"，为什么呢？

生：角度。

师：这几个词使描写的角度……

生：增多了。

师：本来我们只用了"清澈"，这是指水的透明度，"碧绿"、"蔚蓝"是水的颜色，"平静的"、"柔柔的"呢，是水的那种形态、质地、感觉。那么，讲到这里我们是不是受到一种启示啊，怎样才能使描写更具体一些呢？我们用"清澈"、"碧绿"、"蔚蓝"、"平静的"、"柔柔的"，是不是更具体一点了？那么，哪位同学把我刚才的意思用一句话概括出来？告诉大家这样写会更好。好，这位同学来试一下。我们在形容的时候，在讲对象的特征的时候，可以怎么样？

生：不同。

师：也就是从……

生：多方面。

师：非常好。（板书：多方面）如果我们能从多个角度、多个方面来描写和形容事物，是不是就具体些了啊？课文中有没有这样的例子啊？还记得朱自清的《春》里面描写小草的句子吗？"小草偷偷地从土里钻出来……"

生：（齐背）嫩嫩的，绿绿的。园子里，田野里，瞧去，一大片一大片满是的。

师：有多少个角度？一个是"偷偷地从土里钻出来"，这是它的情态；"嫩嫩的"，质地，第二个角度；"绿绿的"，颜色，第三个角度；"一大片一大片"是第四个角度，数量。朱自清的写法我们也能学一学，是不是？

生：是。

师：现在我们来归纳一下。（投影）

- "有什么"是叙述，它所起到的作用是把东西叙述准确。
- "怎么样"是刻画、描摹，它起到的作用是"清楚、细致"。最好从多个方面、多个角度来写。
- "像什么"是比喻，它的作用是生动形象。

师：这些就是描写的奥秘，简单吧？

生：简单。

师：记下来了没有？

生：记下了！

4.升级版描写训练

师：现在还有谁不会描写，请举手。没有了？是不是真的没有了，我们还要再检验一下。这一次，要给你们难一点的了。

师：（投影：风车的画面）现在我们就以这幅画（风车）为描写对象，

把我们刚刚学到的一些方法用上。我不要求同学到黑板上来写，不过待会儿我会把几位同学写的收上来，请他们念给我们听，请大家来评论。时间是3—4分钟。开始吧。

（生写作，教师巡视课堂。）

师：怎么样？请写好的同学念一下。还有的同学不舍得放下手中的笔。好的，没关系。还有一两个句子没想好的可以在念的时候再补充。那么谁愿意把自己的成果贡献给大家呢？有几位举手的同学都已经回答过问题了，有没有其他人呢？其实我上课喜欢叫不举手的同学来回答问题。好了，靠近墙角的那位同学，你来试一下吧。读得响亮一点，大家要好好听。

生：清晨，在宁静美丽的湖边，挺立着许多风车，它们张着巨人般的手臂，像是在迎接远方的客人。

师：怎么样？你们觉得精彩吗？

生：精彩。

师：请坐。他写到了时间，写到了一种感觉。有请下一位同学分享。

生：在辽阔平原的河边，有一排像巨人般的风车。微风轻轻地吹来，风车慢慢地挥动着它那巨大的手臂，好像要翩翩起舞的样子。

师：请坐。你对风车的描写还有没有跟这两位同学不一样的？来念给我们听听。

生：在一望无际的草原的尽头上，有一条平静的小河，小河旁边竖立着一排古老的风车。它们的手臂迎风舞动，好似一个个强壮的武士在保卫着家乡，又像一排迎客松在迎接贵宾。

师：请坐。他用了两个比喻。大家记下来。还有没有更好的？

生：这是一个遥远的国度，一个人间乐园，辽阔的草原一眼望不到边。灰暗的天空下，寂静的小河边，有一排风车，它们静静地伫立在那里，不知过了多少年。这里没有一个人的影子，没有机器的声响，红瓦的颜色淡了，曾经挥舞过的手臂也不再那么有力了，只有大自然的神韵依旧，在夕阳晨风里，孤独的风车，在诉说着一个个古老的传说。

师：这是你刚写出来的吗？

生：是的。

师：不得了，你可以当作家了。刚才大家注意到没有？很多同学不仅写到了风车还写了白云、黄昏，实际上大家已经不仅仅把目光投向风车，还投向了什么？

生：环境。

师：环境，一个整体的场面。那么，在写一个复杂的画面时我们要注意些什么呢？（投影：描写复杂的场景）

师：看来，在描写时，我们不仅仅要写主角，还要写整个的场景，或背景，你想想这时应该注意些什么。

生：重点。

师：好，我们要注意重点。（板书：重点）重点对象我们要观察描写得多一点，要详写。

描写的对象多了，还要注意层次，另外我觉得最好还要根据我们每个人的独特体验，写出个性来。描写是很简单的，你看，我们人人都会了，但是，我要提醒大家，描写又是很复杂的，有许多变化，需要长期练习。好了，我这里还有一幅图片（换投影画面）。

师：这是什么场景啊？

生：草原。

师：重点是什么？

生：羊群。

师：对，羊是草原的主角。还有什么？

生：山，云，天空。

师：有兴趣的同学回去可以把这幅图片描写一下，或描写你家乡的一处场景。今天我们重点训练的是具体而形象的描写。更多的训练要回到家里去做。

下课！

品评：

依据学情确定教学内容

郑桂华老师的这两个描写教学课例，带给我们的思考绝不限于描写教学。

关于描写，已有的写作课程早有非常丰富的知识。例如，有"景物描写、环境描写、人物描写"等等，仅以"人物描写"为例，就有"心理描写、动作描写、语言描写、肖像描写……"，不一而足。这些内容如此众多，是不可能完全作为写作教学内容让学生学习的。但以往的写作教学经常将这些写作知识一股脑地灌输给学生，从而导致写作学习的低效乃至负效。

但是，郑桂华老师在教学之前，并没有预设一套要教给学生的描写知识。她所教的知识也只是描写知识系统中很小的一部分，却是学生最缺乏也最需要的那部分。两个课例揭示了写作教学的一个重要原则：写作教学必须依据学生的写作实际确定教学内容。

上述两个课例都是基于学生学情的教学，完全依据学生的实际需求确立了写作目标和教学内容。同样是描写教学，由于学生的学情不同，目标和内容就完全不同。

课例一所确定的目标是"克服学生习惯性地用想当然来代替描写的毛病"，根据这一目标开发出的教学内容极为简单："有什么写什么"。

课例二所确定的目标是"让描写具体生动"，支撑目标的教学内容则有三条——"有什么"、"怎么样"、"像什么"。

由此看来，同样的"描写"写作教学专题，由于学生的实际状况不同，教师所确定的写作教学内容就完全不同。

这两个课例中所开发的教学内容不是简单地通过"目标"进行逻辑推演的产物，而是针对学生在描写过程中所体现出来的"写作学情"而开发的。

课例二中的学生呈现出的主要学情是：语言表述相对苍白干瘪。因此，教师开发出三类教学内容："有什么"、"怎么样"、"像什么"。这些内容完全来自"描写"知识系统，也是教师依据学情需求做出的内容的"遴选"，因此非常具体明确，对学生的指导也就更加具有针对性。

有效写作教学的要义是：依据学生的实际困难，依据学生在完成某一特定写作任务（如"描写"）过程中出现的具体学情确定教学内容。

可见，确定写作教学内容离不开对学情的考量。那么，教师究竟应该如何探测分析学生的写作学情呢？教师究竟应该如何依据学情确定合宜的写作教学内容呢？

一、综合运用多种手段，探测学生写作学习困难

学生的写作学情大略可以分为两大类：缺乏主题知识和表达知识。

所谓主题知识，就是学生在围绕某一话题进行写作时，由于对这些话题所关涉的内容了解不多，因此，往往存在腹中空空难以下笔的困难，这就是常言所说的"无米之炊"，亦即写作素材方面的缺乏。当学生出现这样的学情时，教师需要确定的教学内容就是：或围绕主题查阅相关资料，或围绕主题开展采访调查，或围绕主题进行分析研究。

当学生缺乏表达知识时，也就是学生无法将自己的认知、感受通过语言文字恰当地表述之时，写作教师此时的教学重点就是为学生寻找合宜的表达方式。郑桂华老师是在课堂上依据学生现场完成的作文，对学生的学情做出分析判断的。这需要教师自身的素养与见识。显然，郑老师在判断学生描写作文水平高低、描写知识能力状况之际，她对于描写写作知识系统与能力系统的了解是明确的，这样，她才能依据这些知识能力标准评判学生的习作，诊断学生存在的不足。

显然，这时学生缺乏的主要是表达知识：学生对描写知识的理解有错误，错误地认为描写就是用一些华丽的词语表述一个事物。这就是当下学生的"描写学情"，于是，针对这样的学生，最合适的描写教学就是让他们学会"有什么写什么"。

有时候，学情分析可能非常复杂。老师需要借助大量批阅学生作文，统计学生作文中的共性问题，通过访谈、问卷乃至于对比实验等方式，才能真切探知学生存在的真实学情。在这方面，章熊老师的研究可作为一个经典范例。章熊老师在教学中发现，学生在进行"空间描写"时经常出现描写顺序混乱等问题。通过对学情的分析，章熊老师意识到：学生在描写空间事物时之所以屡屡遭遇困难，是由于在现实生活中，空间事物是同时出现在观察者眼中的，但是，在写作过程中，作者由于受到语言线性表达的限制，不得不"把同时感受到的事物（空间）分先后（时间）组成线性表达程序"。但是，线性的表达又往往不易"使读者在头脑中重现空间位置"，正是这一矛盾造成了"空间描写"的困难。

如何解决这一写作困难？章熊老师受"参照物"理论启发开发了描写空间事物的微型知识内容：以某一空间中的某一物体为参照物，围绕这一参照物按一定顺序描绘周围事物，从而将立体的空间事物转化为便于进行线性描写的事物。经过教学验证，这样的知识非常有效地解决了学生空间描写次序混乱的现象。

章熊老师的这一案例给了我们如下启示：

（1）分析学生的写作实际问题就是探测教学目标。

章熊老师针对学生写作学习过程中出现的"空间描写混乱"这一学情进行了认真分析，了解其中症结是由于学生遭遇了"空间事物同时呈现与语言描述线性传达"这一矛盾所导致。章熊老师依据对学情的分析将课程目标确定为"以线性方式描绘空间立体事物"，这一目标是具体明确并且也是可达成可评估测量的。

（2）分析了学生的写作学情就易于确定便于达成目标的教学内容。

章熊老师在确定目标后还开发了"确定参照物，围绕参照物按一定顺序描述"的空间描写知识。这一知识内容与教学目标是匹配的，是可以支撑教学目标的。

二、聚焦核心学习困难，开发合宜的教学内容

学生在写作过程中，一定存在许多困难。但是，在众多写作学习困难中，也一定存在着最为普遍、最迫切需要解决的困难。这些困难，就是写作教学的着力点。

在郑桂华老师的第一个课例中，学生的语言能力很强，因此单纯的语言表达自然可以不作为教学内容，但是学生在描写中暴露出的喜欢"想当然"（甚至为了所谓的"生动形象"不惜无中生有）现象却非常突出，为此，郑老师所确定的教学内容就是："有什么写什么"，显然，这样的教学内容只能对当下这一群学生才有效。

这一课例的关键之处在于，郑老师所开发的关于描写的教学内容其实就来自"描写"的基本定义。只是由于学生没有一个正确的"描写观"，误认为描写就要追求"生动形象"，因此在写作中掺入大量"想象因素"。教师确定"有什么写什么"并没有开发新的关于"描写"的知识内容，只是在已有的知识内容中选择出学生最需要的一点而已。

写作过程中，往往存在着诸多相关联的因素，这些因素联系较为紧密，各因素之间互相交织，难于分割抽取，这时只有将其他相关因素作为背景，而将需要作为目标的因素予以"凸显"。

写作教学设计在确定教学目标时，可以将关键因素作为学习目标予以"凸显"，而对于其他无法悬置的相关因素则可以暂时简化或虚化。

例如，教师发现学生在写作中普遍存在如下问题：析事论理不考虑读者对象，无的放矢；说理非常空泛，喜好引经据典；写作说服类文章则经常运用大量排比句和修辞……这些问题虽然表现不同，但又存在一定的关联。

显然，通过引经据典来说服他人，固然是一种可行的说服方式，但许多学生将这一方式的有效性无限放大，导致在任何写作情境中都采取这一写作策略，这在一定程度上就是一种"读者意识缺失"的表现；而喜好运用排比句和修辞手法也是学生的一种写作常态，这一学情也与"读者意识缺失"密不可分。

面对这些看来形态各异但实际上却互相关联的复杂学情，通常就难以通过"悬置"的方式进行处理。这时，可以将这类学情视为一个"单元"而将该单元中的关键因素予以"凸显"作为"前景"目标，将其他因素作为"背景"目标。

为此，教师可确定一个目标：根据不同的对象特点，选择不同的内容，采取不同的说理方式有效说服对方。

三、教学内容必须适应不断变化的学情

学生在写作学习过程中，其学情是不断变化的。在学习之前、学习之中、学习之后都会发生知识、能力、态度各方面的变化，教师在分析这些学情之后，需要依据学生不同的状态确定一个合适的教学内容。也就是说，学生变化的写作学情与写作教学内容之间也存在一个"交叉点"，这一交叉点就是需要确定的教学内容。

我们可以将郑老师的课例一和课例二放在一个先后时间序列中，这时，这两个课例就可以被看作是一个班级学生在不同阶段中出现的不同学情。

课例一阶段，学生对于描写有错误理解，于是教师首先澄清学生的错误认识。到第二阶段，再开展具体描写的方法策略指导。

或者，课例二，是学生描写水平的初级阶段，学生语言干瘪苍白，无法运用文字描绘自己的所见所感，于是教师指导学生"写具体、写生动"，当学生能够达到描写生动的程度时，可能又出现新的学情：误以为描写就是"好词好句，花里胡哨"，于是，教师需要教导学生返璞归真，"有什么才能写什么"。

总之，学情是一个流动的过程，教师的写作教学就需要依据不断变化的学情不断调整自己的节奏与内容。

再举一个记叙文写作教学的例子。

初中学生在写作虚构故事时经常出现以下两种情况：一是苦于"没啥可写"，不知道虚构故事应该写什么；二是所写故事缺少故事味。这时，应该确定什么样的写作教学内容呢？

这一阶段学生的写作学情主要聚焦在学生尚未掌握"虚构故事"的基本文体特征。为此，我们将引导学生写出有一定内容的虚构类叙事作品作为教学目标，为此，确定了如下教学内容：选择美国写作研究者杰里·克利弗的研究成果，教学生掌握虚构叙事的三要素"冲突（愿望＋障碍）、行动、结果"等知识，并运用这一知识学习虚构叙事作品的写作。

但是，学情始终在不断变化。经过故事"三要素"的教学及实际写作几篇故事之后，多数学生基本掌握了故事写作的方法，有些学生甚至能够洋洋洒洒写出1500字的故事，还有学生写出了非常优秀的故事。但随之而来出现了新问题：有相当一部分学生所写故事胡编乱造，不合情理。对此，又需要分析新的写作学情并据此开发新的课程内容以便进行针对性矫治。

经过对学生的习作分析和访谈可知，学生所写的故事充斥了大量的类似穿越、传奇等内容，内容牵强，荒诞不经。学生似乎认为既然是虚构故事，就可以随心所欲，想怎么写就怎么写。当然，学生的胡编乱造相对于"没啥可写"而言是一种值得肯定的进步。之所以产生胡编乱造的问题，在于学生在运用故事元素时没有考虑到"愿望"、"障碍"以及克服障碍之"行动"的合理性。面对众多胡编乱造的故事，教师对故事"三要素"进行深度开发，开发了"愿望的合理表达"、"障碍的合理设置"、"行动的合理巧妙构思"等课程内容。

总之，不断根据变化的学情及时调整相应的教学内容，以写作学习者为中心的教学设计的精髓即在于此。

基于写作学情的写作教学内容必须结合学习者所掌握的课程内容的实际状况进行开发。当学生在写作学习中不具备某一项必需的教学内容，教师必须设法提供这些内容予以补充；当学生某一课程内容知识出现理解或使用偏差时，教师又必须设法予以"变构"。此即在分析学情的基础上确定并开发教学内容的要义。

郑桂华老师的两个描写教学课例，让我们领悟到写作教学的许多原理。

第五章 "教"、"学"妙合：一张量表如何做得到？

执教教师简介

项恩炜，2004 年华东师范大学优秀毕业生。2011 年《脑科学：破解教育难题的新视角》一文获上海市首届创新教育征文一等奖；2012 年获上海市班主任基本功大赛一等奖；2012 年获长三角教育叙事征文二等奖。

所带班级曾获得"上海市优秀集体"荣誉称号，所辅导学生获全国新概念大赛二等奖、中国中学生作文大赛上海赛区一等奖、上海市第 28 届青少年科技创新大赛一二三等奖。

2015 年，发起"成为学习者工作室"，现专职从事"学生学法研究"。中央教育电视台曾专题报道其事迹，还被评为 2015 年度《中国教师报》"非常教师"。

评课要点概述

学生不善于描写，有多方面原因：或由于学生不善觉察生活，或因为学生缺乏细腻表达自己所觉察内容的能力；或与教师无法为学生提供足以提升描写能力的知识、无法设计必要的描写学习活动有关。

项恩炜老师的实验表明：将描写知识明晰化、可操作化并构建有效的描写评价标准，同时辅以多样化的描写学习活动，可以有效提升学生的描写水平。学生的写作学习需要有效的写作学习支援，合宜的写作教学应当开发选择合宜的写作知识，设计多样化的写作活动，融写作评价于写作修改中。

课例 5

项恩炜：为描写教学立规矩

学生写作，一个常见的问题就是：描写不够细腻。比如，学生写"同学们都笑起来"，有的孩子这样写：

> 我们正在学课文《画龙点睛》。
>
> 老师问："如果你是游客，你会对画家张僧繇说些什么？"好多同学说的都是："哇！张僧繇，你太厉害了！"老师生气地说："你们能不能换个词啊？肚子里难道只有'厉害、厉害、太厉害了'吗？"
>
> 之后，老师看了王世同一眼："王世同，你来说说看。你会对张僧繇说些什么呢？"王世同慢慢悠悠地站起来，拖着长调，像是要唱大戏一样，说："哇！张僧繇……你实在……太……厉害……了呀！"
>
> 我们哄堂大笑起来。

这个学生直接一句"我们哄堂大笑起来"，就结束了整个描述。而这绝不是个别现象。很多学生，总是无法进行细腻的描写。而我多么希望孩子们能够这样写：

> ……话音刚落，丁丁笑得浑身颤抖，一只手刚抬起来指着王世同，但马上缩回去捂住自己的肚子，不断地哼哼"哎哟，笑死了……"
>
> 瑞轩更是夸张地冒出一连串的"哦哈哈哈哈哈哈"，随着声音的冒出，整个身子从椅子上滑到了桌子底下，只留下一只手还在桌面上拍拍拍……
>
> 笑声最响的是杨振一，"哈哈——"，一边笑，一边转动着身子，眼睛眯成了一条线，脸红得像大虾子似的。

就连内向的唐小婉，也忍不住用手背贴着嘴，努力抿着嘴唇，忍住不笑，脸颊红红的……

我把我认为更加细腻的描写呈现给学生，并且和学生们进行如下交流：同样写"同学们都笑起来"，你觉得前后两种方式哪个写得好？大家都说后面这种描写要好些。我说：当然，不是说简单就一定不好。不过要按"描写细腻"的标准看，"同学们笑起来"这句话确实太简单、太粗略了些。学生很自然地发问了：我们也想写得细腻，但是怎样才能做到描写细腻呢？

学生无法做到"描写细腻"，原因当然很多。如果仔细分析，我们大致发现以下几点应该是关键性的问题。

原因之一：学生在经历"我们哄堂大笑起来"时，肯定是完整地体验着班级那一瞬间的生活。他们肯定能听到同学们的大笑，肯定也能看到有的同学嘴角的变化、有的同学手舞足蹈……那么，为什么学生们写"哄堂大笑"之时却屏蔽了这些真实发生的、鲜活而丰富的信息呢？显然，关键不是孩子有无"经历"这些具体的生活，而是孩子能否"有意识地觉察"到自己正在"经历"的这些生活。只有进入觉察的"经历"，才可能成为"经验"。因此，细腻描写的前提是增加学生的觉察意识、培养学生的觉察能力，这是培养学生形成"描写细腻"能力的根本条件。

原因之二：学生"有觉察"还不等于学生"善表达"。

"感受生活"的能力和"表达感受"的能力二者之间固然存在相关性，但总体上还是完全不同的两种能力。学生如果缺乏表达自我感受的本领，哪怕觉察能力再强，也会形成"茶壶煮饺子"的情形，导致学生只会笼统地说"哄堂大笑"、"实在太厉害"之类的泛泛之语了。

原因之三：从教师"教"的方面看，也存在许多问题。

为解决学生描写空泛的毛病，许多教师都有自己的应对策略，但总体看来收效似乎不大。我以为其间存在着一些错误的认识。概括而言，教师的教学大致存在如下两大误区。

误区之一：迷信范文。具体表现为要求学生背诵美文、范文，积累好词好句，然后在自己的作文中大量运用这些词语或句子。

从积累语言素材的角度来看，这种做法是有积极意义的。但是，一旦教师的写作指导过度关注将一些"好词好句"从那一篇挪移到这一篇，就会带来一个致命的问题：孩子们面对真实、复杂、生动的生活现象，不会用心体会世界，而是情不自禁地在脑海中搜索以往背下来的好词好句来表现。不是选择合宜的词语、创造恰切的句子来表达自己对生活的觉察，而是直接搬用积累的词汇，套用别人的表述来应对眼前真实的生活。

误区之二：技法至上。具体表现为，把写作教学简单化为传授若干写作技法，指导学生这里用一个形容词、那里来一处排比句，再高明些的学一学"以小见大"或"先抑后扬"等写作手法……试图以此提升学生的描写能力。

写作技巧的指导，当然有其不可替代的价值，但是，所有的策略、方法知识，都有其运用的具体场景，脱离了具体情境，实际上都不过是让学生背诵一些僵化的规则而已，对于提升学生的实际写作能力并没有多大的帮助。正如"知"不等于"会"，"知晓方法"同样不等于能够"运用方法"。我们看到很多学生说起技法头头是道，但写起文章依然空泛干瘪，很大程度上与语文教师过于注重技法是分不开的。

鉴于上述思考，我在教学中开展了如下实验。一年下来，取得了很好的效果，学生的描写水平提升很快，全班学生基本都能够达到"描写细腻"这一标准。概括而言，为帮助学生提升描写细腻的水平，我们主要做了下面两件事情：

（1）建立多感官描写标准，引导学生运用标准评价本人习作；

（2）设计 90 则描写练习，在不断练习中最终形成描写能力。

简要阐释如下。

第一件事就是设计描写评价量表。

为形成运用多感官描写的能力，引导学生有意识地启动感官"觉察"事物，我们设计了以下操作性较强的评价表：

原　稿	修改稿
我们哄堂大笑起来。	笑声最响的是杨振一，"哈哈——"【听觉】，一边笑，一边转动着身子，眼睛眯成了【感觉】一条线，脸红【视觉】得像大虾子似的【感觉】。

原稿自评得分：15 分		修改稿自评得分：50 分	
描写维度（每觉 10 分）	描写词语（每词 5 分）	描写维度（每觉 10 分）	描写词语（每词 5 分）
视觉		视觉 10 分	1 个词语共 5 分
听觉		听觉 10 分	1 个词语共 5 分
味觉		味觉	× 个词语共 × 分
嗅觉		嗅觉	× 个词语共 × 分
触觉		触觉	× 个词语共 × 分
感觉		感觉 10 分	2 个词语共 10 分

上表分为"原稿"与"修改稿"两栏。每一栏评价标准都有两个方面：描写维度和描写词语。

学生在描写时，每启动一个感官（增加一个描写维度）就得 10 分（不重复积分）。为体现某一感官维度，必须使用一些词语，这些词语每出现一个加 5 分（可不断累积积分）。

例如，原稿"我们哄堂大笑起来"这一语句，按照这一评价标准学生最多只能得到 15 分（因为只涉及一个维度——听觉维度，10 分；句中的"哄"字勉强算听觉词语，5 分）。而修改稿仅选择其中一句就可得到 50 分。描写杨振一笑声这句描写涉及"视觉、听觉、感觉"三个维度，使用了 4 个词语表达这些"觉察"。

这样的标准简明扼要，使得学生在写作、修改过程中就可以有意识地增加描写的维度，从而使得原先看似捉摸不定的"描写细腻"这一能力变得简便易学。这一标注既便于教师的教，也便于学生的学，还便于学生之间的互评互改，于是成为一种操作性极强的写作学习框架。

第二件大事就是设计写作学习活动。

为了使学生能够熟练运用上述描写框架，不断形成描写能力，我们还结合学生的兴趣爱好和心理特征，精心设计了"描写练习90则"。这些练习将描写学习活动融入到学生喜闻乐见的生活情境中，通过让学生完成各类趣味盎然的写作任务，使得学生不断内化所学到的描写知识，最终达到"描写细腻"的写作目标。

下面，我们以几个练习为例简要加以说明。

练习7：留心周边"蓝色"的"物"，请描写你所找到的第三个"蓝色"之物。

练习13：不动手，用自己的鼻子将语文书成功地翻3页，描写该过程。

练习15：偷听两个同学的聊天，并加以描写。

练习28：观察一个同学吃东西，感受自己口腔内的变化，并加以描写。

练习29：用牙齿咬住笔，在纸上写下自己的名字，并加以描写。

练习32：观察一次老师生气的样子，并加以描写。

练习45：回忆自己非常瞌睡却被叫醒的瞬间，并描写这个瞬间。

练习53：体验用布（或毛巾）擦地的过程，并描写。

练习56：回忆一个人狠狠拍桌子的瞬间，并描写。

………

例如，在练习13中，学生运用了"多维描写"的方法来描写"用鼻子翻书"的情形，经过互评修改，终于形成了以下这篇趣文：

> 我从书包里拿出语文书，平放在桌上。我打算先翻语文书的封面，因为我感觉封面一定比其他纸硬，先翻硬纸给自己打好基础。我双手用力支撑着桌子，双腿拉直，两腿叉开，躬着背，鼻子靠着书。我脸朝左倾斜，脖子也朝左斜，眼睛也跟着朝左望。我看见了书面上的羊儿与青草，我尽力用鼻子如"狗啃泥"般"拱"书。
>
> 还没有碰到书，我便闻到一阵书香，但鼻尖一碰到硬硬的、尖尖

的书角，仿佛针扎一样的疼，我一下子缩了回来。可我不放弃，不断变换角度试图翻开封面。可是我鼻子塌，油多，书页刚顶上去，又滑了下来。折腾了半天，一页纸也没翻过来，反而把平整的书角弄得翘了起来。我决定先总结经验，再慢慢练。我用面纸把鼻子擦干净。用鼻尖把书角顶得尽量高一些，然后再用鼻梁把封面向下压，封面发出"嚓嚓"的声音，然后以迅雷不及掩耳之势再转过头用鼻尖把封面顶下去。一次，两次，三次，"啪"的一声轻响，终于成功了。为防止封面弹回来，我把封面死死抵在桌面上，然后再用鼻梁沿着书脊来回压上几次，才抬起头。封面已经服服帖帖地摊开在桌面上了。

　　我欣喜若狂，再接再厉。我以为此后用鼻子翻书能十拿九稳了，于是自信满满地开始翻第二页。不过，这一次可有些难，因为书内页纸是软的，很不容易翻。我尽力像翻封面那样翻，却是"一翻吓死人"，我一翻翻了十几张，天呀！重新开始，我轻轻地，慢慢地，试图把第二页薄纸翻起来，可仍然是一翻就翻好几张。一次、两次、三次、四次、五次……一次也没有成功。要强好胜的我终于急了，汗珠从鼻尖和额头上滑落下来，呼吸声也越来越急促。不过大概是出了汗的缘故，我居然用鼻子粘起来一页纸，然后我像翻封面那样，一会用鼻梁，一会用鼻尖，终于把这一页纸"挪"到另外一侧了。有了翻第二页的经验，第三页也被我轻而易举地翻了过去。

　　我望了望书角褶皱的语文书，看了看镜子里我那冒出了"露珠"的鼻尖，骄傲之感油然而生。

再如，学生在完成练习29"用牙齿咬住笔，在纸上写下自己的名字"这一描写任务时，也产生了许多妙趣横生的习作。

　　我叫雷雨，平时写自己的名字，总是一挥而就，从不觉得有啥麻烦。可今天用牙咬笔写字，可真是难于上青天了！

　　此刻，我咬着笔，却发现笔偏向了右边——没想到，就算用嘴巴咬笔写字，我也是个右撇子。费劲地写上一横，歪歪扭扭的，甚至笔画还有些向上翘，难看极了。再用嘴将一竖画上去，也没多好看，不过算是我写的最好看的一竖。再艰难地写了一横，感觉笔头的按键向上顶了一下，上颚有点疼。这一横写得就像杂草一样，写到中间部分时，向下一斜最后又弯弯地向上翘了一下。然后就想点上四个点，不料口内的笔失控一般，缓慢地滑过一大笔，下面的点比上面的点还要长些。这样，一个雨字头便写好了。我接着闷闷地写上一竖，还算好。再写一横，糟了，向下斜了。再写上一竖，不料临末了，还翘起一个小钩。中间的那个十字，一竖还超出了格子，一横呢，抖抖的像是波浪一样，好几次都没有写好，我努力一番，于是把一横写好了。一个"雷"字，才算是勉强写好。

写"雨"的时候，字更丑陋了。好不容易写了一横，像山丘般中间耸起。然后用力写了一竖，其实更像是一点，于是我又添了一笔，结果一竖成了一只斜着的蝌蚪，怪怪的。

不知道为什么，口里的笔好像与我作对，每次写横时都丑得我想哭，就像是走山路一样，这个横，有时向下洼，形成一个坑；有时往上翘，像一块尖尖的石头。不过，中间的一竖还算比较正经。但是嘴巴现在已经感到疼痛，酸麻。最后点上四个点的时候，就像是连在一起写笔画，左边的两个像反的F，右边的则是像一捺和一个竖钩。

望着歪歪斜斜的"雷雨"二字，我哭笑不得。

事实上，学生根本不需要完成90则练习，一般来说，学生从中选择20个左右的练习，就可以基本掌握细腻描写的窍门，可以比较自如地进行各类描写了。我们之所以设计90则描写练习，是为了满足不同学生的多样化爱好兴趣。

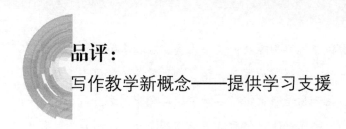

品评：
写作教学新概念——提供学习支援

项恩炜老师提供的上述描写教学实验案例，给我们带来如下启示：学生，作为写作学习者，迫切需要在写作课堂上得到强大的学习支援。

所谓学习支援，就是充分发挥学生的学习主体作用，教师不再是教学的主角，而是激励者、辅助者，在教学中教师通过精心设计的学习活动支撑学生学习，只有在学生遇到学习困难时，教师才依据学生的实际情况提供必要的帮助。教师的"教"更多的是辅助性支持，教师已从"教学内容的授予者"转变为"支撑学习的教练"，从"灌输者"变为"支援者"的角色。

有效的写作教学应当为学生的写作学习提供必要的支援。这些支援是"限量"的：少了不够；多了不必，甚至有害。因为母语写作学习具有一个先天特征：学生即使写作基础再差，也不是对写作一无所知，也总是能够写出一篇文章。所以说，学生的写作从来不是零起点，不是全局性的"坏死"，而是局部的"梗阻"。因此合宜的写作教学就是在学生写作学习遭遇困难之际，教师及时提供必要的支持，帮助学生有效开展写作学习，不断习得写作能力：写作知识不足，提供知识；写作动机不足，设法激励；写作遭遇"无米之炊"，提供调用、发掘材料的策略。

这就是我们所说的写作学习支援。近年来，项老师和一批志同道合者组建了"成为学习者工作室"。他们相信学生是学习者，促进学生成为成功的写作学习者是他们努力的方向之一。项老师的"描写细腻"写作教学实验，大致包含了写作学习支援的三大策略。

一、知识支援：选择、炼制关键性知识

目前学界已经达成如下共识：写作是一种实践性能力，写作学习总是

在完成一系列写作任务的过程中实现的；在学校背景下的写作学习，主要不是个人体悟式的"暗中摸索"，而是借助写作知识获得写作能力的"明里探讨"式学习。写作学习需要知识，但并非所有的写作知识都能够有效形成写作能力，有效的写作学习需要关键性的写作知识。因此，为学生提供学习支援的第一要义是提供知识支援——选择、炼制关键性知识。

以描写为例，关于描写的写作知识可以说相当丰富。按内容分，有人物描写、环境描写；按手法分，可分为白描、细描、衬托、烘托、渲染、对比、情景交融等。其中，单单是人物描写，又可以进一步细分为外貌描写、动作描写、语言描写、心理描写……显然，如果一股脑儿地将这些知识教给学生，是既不可能也无必要的。于是教师就必须选择一些最关键的写作知识。所谓关键性知识，具有两层含义：一是完成某一写作任务最关键的知识，二是学生当下完成一定写作任务最需要的知识。目前，由于我国写作课程建设尚有待完善，写作知识内容也有待充实或修正，因此，在写作教学中，教师往往会遭遇"不知道教什么"这类无米之炊的尴尬，这时就需要开发、炼制合宜的知识。

我们对如下"描写教学"或许并不陌生：教师一味要求学生"描写要具体、生动"，但至于如何才能做到"具体、生动"却语焉不详，因为，教师缺乏这方面的相关知识；教师也意识到"细腻的描写"需要"仔细的观察"，但如何观察，教师也无法提供合宜的知识，只好被迫提一些笼统的要求。

本实验报告中，项老师为学生的写作学习活动提供了必要的关键性知识：增加感知维度，多层次描写事物。这一关键性描写知识的确定，是与学生的实际写作状况分不开的。

我们知道，学生在感受世界之时，总是通过眼、耳、鼻等多种感官"全息性"觉察一切的，但是，在描述这一感受时，学生总是局限于某一特定的维度，因此，描写细腻一度成为学生写作学习难以解决的难题。此时，项老师为学生提供"增加感官维度"的描写知识，就相当于引导学生有意识地用自己的视觉、听觉、触觉、味觉、嗅觉、感觉（像什么）去感受世界。并且，教师还规定了觉察的维度——以往学生描写事物，只是简单地从某一维度（如听觉）加以描绘，一旦打开感官后，学生至少能够从3—4个维度展开描写。这样就使得以往一维的线性文字变成了多维的立体场景，描写因此变得更加细腻丰富，就可以把空泛的陈述转变为可听、可嗅、可触摸的真实生活场景。

此时，提供这一关键性知识足以支撑学生的描写学习活动。当然，写作本质上是一种实践行为，写作学习总体上不是"理解"写作知识而是"运用"写作知识。还必须设计若干练习以便促进学生运用、内化这一知识，因此，适度的写作训练就必不可少。

二、过程支援：设计多样化的写作学习活动

提供了关键性的写作知识，有时候固然可直接促进写作学习的发生。但更多时候，只要所提供的知识略微复杂一些，学生的写作学习就会遭遇困难。这时就要设计若干学习活动，让学生在具体的写作实践过程中运用知识、内化知识。此谓过程支援。

项老师设计的90则描写练习，就是典型的写作学习过程支援。

首先，这些练习是建立在感受生活的基础上的。90则练习，有的结合了学生日常生活中经常可见的情景，比如，从教室前门走到教室后门、到办公室注意听听办公室聊天的不同声音……有的将学生的日常生活别出心裁地加以变形处理，使得原本平常的生活变得别致有趣起来，例如，用鼻子翻书、用嘴咬笔写自己的名字……

这些练习，每一则都需要运用细腻描写所需要的拓展"多维感官"这一关键知识，但是，每一则都有不同的情境、不同的趣味。学生在写作过程中，饶有兴味地运用知识、内化知识，不断熟悉不同情境中的描写方法，从而将原本可能枯燥的习作练习变得兴趣盎然。

另外，90则练习让学生在学习描写的过程中可以依据自己的兴趣爱好自由选择适合自己的学习任务，对于程度比较好的学生，可以选择做部分练习；对于程度较弱的学生，则可以选择做更多的练习。而较为弹性的写作练

习使得学生可以量力而行。

将描写训练习题化，将描写知识融入描写活动中，这是项老师提供的课例给予我们的另外一个有益的启示。

三、反馈支援：设立评价标准指导写作修改

没有反馈就没有学习。有效的写作学习当然还需要为学生提供反馈支援。反馈需要标准，为此，必须为写作学习者设立一套可操作的评价标准；而写作修改对于写作学习而言是最有效的反馈。因此，将评价标准与写作修改整合，就可以为学生提供有效的反馈支援。

有效的写作学习离不开修改，修改应该贯穿于写作学习的全过程。但是，以往写作教学中的"修改"存在较大误区。一是"修改"局限于对习作中字词句的校对与润色，二是修改处于写作过程的终端——传统写作教学通常由教师命题，学生围绕这一命题写作，之后才是教师的改作文、评作文。对于学生而言，在完成初稿之后才得到反馈就太迟了。

项恩炜老师这一课例对写作教学最有意义的启示在于将"写作评价"与"写作修改"有机融于一体。

首先，建立评价标准，使得学生得以在"规则"指导下学习细腻化的描写。一张"评价量表"，用最直观的方式将"多维度描写"这一核心知识加以"量化"处理，学生依据这一量表，可以对照检查自己的习作中动用了多少"视觉、听觉、触觉和感觉……"，然后累计这段描写总共启动了几种感官，每种感官得 10 分，累计共得若干分。这样的量化标准看似机械，但在写作学习的起步阶段却能够发挥巨大的作用。

其次，凸显了修改的重要性。在学习细腻化的描写过程中，教师所设计的 90 则描写练习，全都需要学生在不断修改中进行。学生运用评价量表指导自己进行描写，而在描写之后，又能够运用量表对照描写习作进行自查或者互查、自评或互评，在此过程中，学生们能够强烈感受到"修改"对于优化文章的重要作用。

由于每个练习的评价都是标准化的，学习要求非常具体清晰，因此，这

一评价量表也非常适合于学生的自学。实验证明，经过一段时间的学习，学生运用评价量表的熟练程度与描写细腻程度的提高呈现较强的正相关度。

如果我们进一步思考评价量表在写作教学中的作用，可能会有更深入的认识。

事实上，语文教师总在不经意中做过类似于提供"量表"指导学生写作的事情。例如，我们在写作教学中是否曾经为学生提供一篇范文让学生模仿学习？这其实就是将范文作为学生写作学习的"量表"，只不过这个"量表"过于笼统含混不便于教师的"教"，也不便于学生的"学"罢了。

而项老师在此提供的"细腻描写评价量表"就清晰具体多了。这一量表将比较笼统的写作理论知识转化为非常具有操作性的行为术语，为学生写作学习提供了若干便于操作的"小规矩"。这些"规矩"为写作学习带来了如下三个好处：一是定位，让学生知道自己目前的实际写作水准；二是定向，使学生知道自己该往哪方面努力；三是定级，可以为不同水平不同层次的学生确定不同的发展阶段。

总之，这一评价量表融评价与修改于一体，真正体现了写作学习的本质，既有利于教师的写作指导，也为学生的自我学习提供了帮助。

第六章　写作知识：如何操作才能转化为写作能力？

执教教师简介

陈菊飞，浙江省宁波市海曙区语文教研员，教育硕士，宁波大学兼职硕士生导师，宁波市海曙区语文名师工作室主持人，宁波市语文名师。出版《初中作文名家经典导写》等六部著作。

评课要点概述

··

　　描写具体，这是写作教学中一个老生常谈的话题，却也是一个很难解决的问题。语文教师为学生作文下评语，最喜欢用的一个词是"内容不具体"；给学生写作提建议，最喜欢用的词是"内容要具体"。可是，类似"写具体"这样泛泛的写作指导，恰恰是最不具体的指导。

　　陈菊飞老师的课例可以给教师如下启示：描写教学的关键，不在于"叫"学生"应当"写具体，而在于"教"学生"如何"写具体。课例中，陈老师教给学生有关"细分感觉、类比联想、融入体验"等描写知识，便相当具体，而我们据此总结出的诸如"定格与延长，拆分与突出"等均属于具体可操作的描写知识。

　　写作教学，需要不断开发这样的知识。

··

课例6

陈菊飞：唤醒感官教描写

翻开学生作文，笼统空泛的描写比比皆是。如"我有一次看到了飘飞的雪花，觉得很美"，"天色慢慢变暗，我真的好害怕"，"她唱起歌来好听极了"，至于美、害怕、好听带给人的具体感觉与独特的个人感受，则语焉不详。

我们应该让学生从生活体验出发，运用多种感官，通过设计活动、调动生活经验，引导学生反思体验，最终把感受赋予语言形态形成文章，生动描写个人感觉与感受。同时，教给学生如何"写具体"的方法，归纳相关规律，并变成自己能理解和掌握的写作图式。

这一写作教学设计基于这样的考虑：有效的作文课堂教学应该教得分明、学得清楚，写什么、怎么写、写到什么程度，都必须讲在点子上、练到实在处，每一堂课都能让学生真正有所收获，有所长进。同时给学生一个提示：作文的素材就是把自己的生活积累写出来，把自己认为当下最重要的情感和思想写出来。这样，学生才不会觉得没内容写。于是，有了以下课堂教学。

师：初次见面，送同学们一点见面礼（教师分发糖果，学生兴奋，品尝）。这是一颗风味比较独特的榴莲糖哦。请大家闻一闻，尝一尝，然后说一说自己的感受。

生：好臭！香！又臭又香……

师：那就有请几位同学上讲台把自己的感受写在黑板上吧。

（四个学生板书：甜和臭混合；一丝一丝的甜；有独特的香味；很甜，很好吃，很亲切。）

师：如果只看这样的几句话，我们能否判断这几位同学吃的是榴莲糖？

生：（齐答）不能，没把特点写出来。（七嘴八舌地）因为别的食物也有甜和香。

师：看来只是笼统地写很甜、很臭、很香还是不够的。读者读了你的文字就无法体会你的感受。你要具体写一写榴莲糖的甜是一种怎样的甜。它和蜂蜜的甜一样吗？它的又香又臭是怎么一回事？这味道和臭豆腐一样吗？这时候，我们就需要把自己的感觉写得细一些，也就是常说的"写具体"。怎样把我们的感觉写得"细一些"呢？这堂课，老师要教大家几个很管用的办法。请大家竖起耳朵注意听哦！

一、细分感觉

师：先问大家一个生活常识——怎样把一个蛋糕分得小一些？

生：多切几次呗。

师：对啊，一个蛋糕太大，无法入口，我们就必须把它切小些才方便食用。而一种感觉，总是混杂各种内容，自然不容易把握，因此也必须将它细分一下，别人才容易感受到。我们吃这颗榴莲糖的一瞬间，眼在看，手在摸，鼻子在闻，舌头在咂摸滋味，这么丰富的感觉都融合在一起，语言是没有办法同时说清楚的，因此，只好把它细分一下，一一道来。所以，为了让读者分享我们的经验，就需要把我们品尝糖果当时的各种感觉拆分开来一一加以说明，让没有吃过这颗糖的人也能感同身受。这就是我们今天要学的第一个重要知识。（板书：第一招——细分）

现在我们再来看看黑板上几位同学的这些感受，大家看看怎么把这些笼统的感觉加以细分呢？说说你的意见。

生：我想可以按照吃糖的过程来分，因为我拿到糖之后是先看一看，再闻一闻，最后才尝一尝的。

师：这是很好的一种细分的方法。（板书：吃糖过程）

生：我还可以按照我的心理变化过程来分，我先闻到这个味道很反感，硬着头皮吃了以后忽然感觉回味无穷。

师：这是第二种细分的方法，根据我们的心理活动来分。（板书：心

理活动）

生：我也可以直接写榴莲糖的样子、形状和味道。

师：又是一种细分方法，这是根据客观事物的特点来细分的。（板书：事物特点）

当我们按照一定的标准来切分笼统的感觉时，我们就容易把这种感觉写得清楚些。所以，要描写一个事物一种感受首先必须先分解这一事物这一感受。大家明白了吗？

生：明白了。

二、类比联想

师：但是，单纯分解还是不够的。比如这颗榴莲糖，如果我们先写它的甜，再写它的香，是否一定能让别人感觉到榴莲糖的特点？可能还不行。因为，香、甜、臭都是很飘忽的感觉，用什么方法才能使得人们易于把握这种飘忽的感觉呢？

（学生一时语塞）

师：可以用大家熟悉的味道来比附这种比较陌生的味道。你觉得榴莲糖的这种臭跟你生活中什么东西的臭味比较接近？你可以运用你想得起来的臭味加以比较。（板书：第二招——类比）

生：哈！这臭味跟臭冬瓜、臭豆腐的气味有得一拼。

师：对，这样就把很陌生的感觉转换成大家熟悉的感觉了。当然，在我们宁波用"臭冬瓜"的效果是很好的，因为在宁波臭冬瓜无人不知。但如果文章写给外地朋友看，用臭豆腐要好些。现在，请大家用同样的方法，把榴莲糖的香味、甜味也用大家熟悉的食物来表达一下好吗？

现在我们一起动手写一写。请大家用熟悉的味道来写榴莲的特殊味道。

（学生写作，教师巡视。5分钟后，教师指定一位学生投影呈现本人习作。）

> 小小的一块，通体是澄澈的乳黄色，泛着奶油的柔和光泽，凑近一

闻，一股怪臭扑鼻而来，有如臭豆腐与洋葱混合的气味，但再努力用鼻子闻闻，这股臭气又似乎消失了。入口之后，臭气又来，但细细一品，甘甜中又有了类似淡淡的松脂的清凉香味。

师：请大家按照刚才所说的方法点评一下。记住：要类比啊。

生：他用"臭豆腐与洋葱混合的气味"来写榴莲糖的味道，这让我们觉得很好理解，也很贴切。因为我们觉得榴莲糖的味道和臭豆腐还不太一样，再加上洋葱的气味，就比较接近了。

生："淡淡的松脂的清凉香味"特别传神，写出了这种臭中带香的味道的特别之处：又清又凉，还有点触觉感受。

师：这段文字细分得也不错呢！那哪位同学从这个角度说一说？

生：他是按照糖果的形状、气味、味道这样的标准来具体描写的。

师：我们再看一段文字，请大家点评。（投影）

榴莲糖，对没有吃过的人来说，可能会有一种令人窒息的臭味，可对我来说，一打开包装纸，就闻到浓郁的香气，慢慢放进嘴里，软软的，还有着回味无穷的甜味，让人唇齿留香，仿佛每一个味蕾都被调动了起来。

生：这段文字不太好，只写"令人窒息的臭"和"浓郁的香"，我感觉不出这样的臭怎样会"令人窒息"，"浓郁的香"也有很多种，刚才讲的用熟悉的事物来类比这种方法他没有用上。

生："对没有吃过的人来说，可能会有一种令人窒息的臭味"，这句话也不严密。因为没有吃过榴莲糖的人也可能很喜欢，记得我第一次吃榴莲就非常喜欢。所以，我建议把这句话改为"对于讨厌榴莲气味的人，可能是令人窒息的"。（众人点头同意）

师：非常好！不过这段文字虽然没有类比，但在"细分"方面做得还是不错的哦。大家看，先写"闻"再写"尝"，就很有条理。

总结一下，我们已经学习了两种描写感觉的方法，一是"细分"，二是

"类比"。但是，要写好感觉，还有非常重要的一招，那就是一定要融入你自己的独特体验。（板书：体验）

三、融入体验

师：（问第一排一位同学）刚才老师发糖时看见你一闻到糖的气味，就"唔"的一声把头扭开了，为什么？

生：我觉得那气味很刺鼻。

师：你当时是一种什么感觉？

生：那气味一下子就窜到脑门去了，速度好快啊！

师：如果用一个拟声词来形容，你会用哪个词？

生："嗖的一下"。

生：古龙写大侠轻功了得，喜欢用一个字——"噌"，"噌，那人已到大路对面"。榴莲的刺鼻气味也是很快就冲到了脑门，我是不是也可以用这个字来形容当时的感觉？

师：大家看呢？

生：当然可以！

师：所以啊，在写榴莲糖的味道时，一定别忘了自己，一定要写自己吃糖时的体验，要写你想到了什么，你的内心有何感觉。这样，读者才容易分享你的人生经验，才容易和你产生共鸣。现在请大家提笔再写一段融入你吃糖时体验的文字。

（学生写作，5 分钟后，教师请一学生朗读习作并展示投影。）

吃这种糖，就像在体味一种为人处世的道理。比如闻那令人作呕的臭味，这不就是我们面对遇到的挫折吗？鼓起勇气放到嘴里，就犹如面对困难迎难而上，然后就体会到淡淡的香、淡淡的甜，就像历尽艰辛之后的成功的喜悦，在口中，在心里回荡……

师：加入这样的体验，这颗糖果就变成属于你的独特糖果了。老师事先也写了一段文字，写自己吃榴莲糖时体验到的东西。请同学们看看。（投影）

吃榴莲糖，奇异的臭味弥散着芬芳，细品味，我忽然若有所动。

神奇的造物主制造出榴莲，也许是想用它的气味勾起一个人绵密浓厚的乡愁吧？我仿佛再一次置身于那个久已别离的山村，在鸡鸭们的排泄物的混合味、羊圈中腐败的腥膻味、野花草汁的清香和蹲坐经年的大咸菜缸的浓郁之气的包围中，依稀闻到母亲身上淡淡的汗味，听到老祖母正在打开珍藏多年的樟木箱盖……一切的一切，都带着回不去的忧伤。

生：哇！（笑）

师：吃这颗糖，我对它的气味特别有感受，总让我联想起自己在农村时候的生活，这是跟一个人的生活经历密切相关的。在描写一种物体时，要想自己的作品能够给读者留下深刻难忘的印象，除了要动用各种感官之外，还要将这种物体带给我们最深刻的感受表现出来，发挥我们每个人独特的想象与联想，这样才能使别人被你的描绘感染。

用上述方法，我们可以写食物、景物、音乐、心理活动、外貌等等。甚至于，我们将刚才所写的文字，略加连缀，加上头尾，就是一篇完整的文章，我们甚至可以取名为《舌尖上的榴莲糖》。我们今天的作业就是运用所学的三招描写策略，选择一种自己喜欢吃的美食，写一篇作文，题目建议为：舌尖上的×××。

品评：
具体的描写与具体的教学

描写具体，这是写作教学中一个老生常谈的话题，却也是一个很难解决的问题。

倪文尖先生曾说过：语文教师为学生作文下评语，最喜欢用的一个词是"内容不具体"；给学生写作提建议，最喜欢用的词是"内容要具体"。可是，类似"写具体"这样泛泛的写作指导，恰恰是最不具体的指导。其实，写作教学的关键，不在于"叫"学生"应当"写具体，而在于"教"学生"如何"写具体。对此，语文教师通常说不出个所以然来。

以下几个问题希望读者诸君和我们一起思考，如此，也许可以进一步趋近有效的写作教学。

一、什么是"描写"？

我们通常很少追问"描写"究竟为何物，一般教师与学生所认为的"描写"就是所谓的"好词好句"或是一串修辞手法的堆积。如果我们无法说清何为"描写"，我们又如何对学生进行描写指导呢？

对于描写，有学者曾有过这样的基本定义：描写是作者企图吸引读者感官的一种写作方法，作者把自己对事物的印象描绘出来，希望能够触动读者，使读者根据作者的描写加以再创造。描写通常要涉及三个方面——语言的安排组织、被描写事物的特点性质、作者的感受。[①]

这个关于描写的定义将是我们开展"描写教学"指导的起点。

[①] [美] 威廉·W·韦斯特.提高写作技能 [M].章熊，章学谆，译.福州：福建教育出版社，1984：5-6.

二、写作教学是否为学生提供了具体的指导？

当代认知科学家和教学设计理论家列符·N·兰达曾指出，最好将知识分为有关事物的知识和对事物进行操作的知识。[①]前者属于"是什么"的知识，后者属于"怎么办"的知识。正如我们可能具有一些有关汽车的知识，但是，当被要求驾驶一辆汽车时却可能不知道如何下手。这意味着，了解某一事物并不意味着就能够操作这一事物，反之亦然。

写作是一种操作性质的活动。如欲完成操作任务，就必须对完成这一任务应该做什么发出明确的指令、给予有效的指导。这个指导（指令）必须包含具体明确的动作和规则（特定条件下的行动方式），没有明确的指令，就意味着写作者不知在什么条件下采取什么行为，写作行为就势必无法进行下去。例如，上面这个课例中，如果教师只是要求学生"描写要具体"，但如果对如下内容没有具体化的动作说明或规则要求，学生就无法"写具体"：哪些内容要具体？在什么情况下具体？如何才能具体？

但是，目前写作教学与研究在为学生提供具体指导方面却存在许多不足。

第一，写作教师喜好谈论一些玄妙笼统的说辞与术语，诸如"写作必须放飞心灵，写作需牧养德性与情感……"这些情绪化、印象式的话语体系，使得写作教学几乎成为"玄学"。结果，写作课程与教学似乎成了教了无效、学了无用的屠龙之术。这些"客里空"之类的话语，对于学生的写作学习而言多半是些正确的废话。

第二，教师在进行写作指导时还保留着一些很有历史的招式：多读、多写、参照范文仿写，但写作教学的现实和已有的研究都已证明这些套路并不好使。

第三，写作教师热衷以学生的写作活动代替有效的写作指导。诸如以"游戏"、"比赛"等活动代替写作知识的学习与内化，把写作课堂教学简单

[①] 盛群力 现代教学设计论［M］.杭州：浙江教育出版社，2010：82.

化为只是让学生在原有起点上开展一番缺少"增量"的热热闹闹的活动，且美其名曰"在游泳中学习游泳"、"在写作中学习写作"。但是，在游泳中学习游泳者大致有三种结局：少数悟性高者可能成为游泳高手，有些人最多只学会一点"狗刨式"，相当一部分学习者可能终生将与游泳绝缘。这种以学生的"习得"方式代替通过教学使学生"学得"写作能力的课程取向，早已经为课程与教学理论以及实践所否定。早在1916年叶圣陶对此就提出批评：今日教授作文，每任儿童自由发挥，一二聪颖儿童不乏思想，多数儿童往往随意凑合，绝无秩序。教师不察儿童之能力，不行基本之练习，故有此弊。[①]

陈老师这一课例中也有活动，但是这个"活动"却不是外加的，"活动"已经成为写作教学的种子，整堂课所有的教学环节都基于"吃榴莲糖"这一核心活动。但是，这堂课的成功并不在于"活动"设计，而在于在"活动"情境中给予具体有效的写作指导。

三、写作教学如何提供具体的指导？

对学生的描写学习进行具体的指导并不玄妙，就是教给学生一些能够有效促成描写"具体"的可操作的规则以及这些规则的使用条件。

【规则一】少用形容词，多用具体的名词和动词。

【使用条件】名词适用于静态事物的描写，动词适用于动态事物的描写。

好的描写使我们对陌生的事物恍如亲见亲历，而写作如欲产生"亲见亲历"的效果通常需要依靠动词和名词，也就是说，描写具体主要依靠名词和动词来实现，而不是像一般所理解的那样滥用形容词。好的描写之所以少用甚至不用形容词，是因为形容词一般带有评价的色彩，而评价必然带有概念化特征，众所周知，概念化总是与具体相冲突，这也就是为什么大量使用形容词容易导致描写空泛并且虚假的主要原因。所以，在写作中，如果我们要求学生尽量使用表示具体事物的名词，就容易使得描写比较具体可感。例

---

① 中央教育科学研究所.叶圣陶论语文教育［M］.郑州：河南教育出版社，1986：1-4.

如，"小路旁开满野花，一棵树孤零零立在远处"，就不如"小路旁开满野菊，一株乌桕树孤零零立在远处"具体可感。而对于动态事物的描写，运用恰当的动词易于产生具体的效果，例如《阿Q正传》中那句著名的描写"在柜台上排出九文大钱"和《药》中的"黑的人便抢过灯笼，一把扯下纸罩，裹了馒头，塞与老栓；一手抓过洋钱，捏一捏，转身去了"等都是明证。

【规则二】定格与延长，拆分与突出。

【使用条件】描写时间性的瞬间事物可以把该事物定格、延长，描写空间性的综合事物可以运用分解方式拆开来写、运用特写的方式突出来写。

描写的实质是写作叙述节奏的放慢，是作者在"线性"的叙述中停下进行"面上"的描绘。例如，本课例就是对"品味榴莲糖"时产生的综合的复杂感受所进行的描写。陈老师教给学生的"细分"策略和"类比"策略实际上接近于"分拆"与"特写"规则的变形。"细分"同于"分拆"自不必解释；而"类比"之所以具有"特写"之效，乃是因为运用所联想的事物进行类比起到了"烘云托月"之效，突出了所要描写事物的"主要特征"。

【规则三】描写的具体化有赖于观察的细致[①]。

【使用条件】由于目的不同与文体的不同，观察与描写的关系也随之不同。观察大致分为三类，即：日常观察、文学观察和科学观察。日常观察在日常状态中实施，直接通过观察者感官获得基本观察印象。文学观察侧重观察者的情绪体验，观察对象只是引发观察者情绪的媒介，观察者的主观体验和想象联想是这类观察的主要内容。科学观察则需经过专业训练，科学观察通常还需要借助一定的仪器和流程，科学观察必须尊重客观事物，必须严格剔除观察者的个人情绪和特殊偏好。

上面的课例显然属于日常观察，其间也混合一些文学观察的因素在。所以，教师在教学中引导学生注意打开自己的各种感官，同时运用联想与想象，再加入个人的体验。这些都是符合文学观察特征的。但是，教师在教学中还没有提醒学生注意这些描写策略其实都是有条件的，其实应该依据不同

---

① 王荣生.需要拨乱反正的"表达方式"[J].语文学习，2012（5）.

的观察目的、依据不同的写作任务而灵活运用。因此，教师在写作教学中至少应该让学生意识到：规则的运用必定受一定条件的制约。

人人都有自己的感受。但这些感受有丰富与简单之别，有细腻与粗疏之分。人人都曾经表述过自己的感受，但这些表述也有真切与虚假之别，也有传神与乏味之分。深化丰富自我感受与准确传达自我感受是不同的两件事情。前者更多的是人生经验，后者则是对人生经验的传达，写作就是一种精致的传达方式，写作教学因此应该侧重教给学生如何传达感受的策略而不是试图去丰富学生的感受——虽然对感受的传达在一定程度上也能使学生的感受不断细腻、深入并且丰富起来。

正如郑桂华所言，由于描写的对象不同，使用的文体不同，写作意图不同，评价描写优劣的标准都会有所不同，对描写的要求也不一样，有的以平实为美，有的以绮丽为佳等；此外，描写所涉及的范围也极为广泛，例如，如何选择描写对象、如何安排描写的详略、如何保证描写与主题一致、如何进行侧面描写等等。[①] 对于这些内容，中学阶段的写作课程与教学既不可能也无必要一一纳入课程内容之中。

但是，描写毕竟还有许多共同的基本要求，如准确、清晰、具体、生动等。对于这些基本要求，中学写作教学研究者应该开发出一些有效的课程内容，如此，语文教师就可以借助这些知识具体有效地指导学生学习描写，从而使学生形成基本的描写能力。

---

① 郑桂华.描写的奥秘［J］.语文学习, 2007（9）.

第七章　文学写作:"暗箱化"指导如何超越?

执教教师简介

桑凤英,上海市黄浦区教育学院附属中山学校语文教研组长,中学高级教师,区学科骨干教师。在语文教学专业期刊发表论文多篇,多篇论文获长三角语文论坛及上海市语文教学论文高等级奖项。

评课要点概述

文学故事写作可教的内容很多。桑凤英老师将教学内容定位于"愿望的合理表达"理由有二：一则符合虚构故事这一文体的基本特征，有虚构故事写作知识支撑；二则符合学生写作故事不合情理这一学情。

在实际学情与文体特征的重叠处确定教学内容，是本课例的主要特征。而对教学内容加以微型化处理，从"愿望表达"角度切入故事写作教学，是本文第二亮点。

课例 7

桑凤英：故事写作要注意愿望的合理表达

近年来，我一直在学生中开展虚构故事的写作教学，并取得了较好的成效。现将我的实验课例整理如下，以求正于同人。

我的故事写作教学大致经历了以下两个阶段：

第一阶段，主要解决学生"不会写故事"的难题。我们借助国外"冲突（愿望＋障碍）、行动、结果"这一故事写作的三要素知识，指导学生学习故事写作。现在，多数学生基本掌握了故事写作方法。

第二阶段，主要解决学生"写不好"的问题。经过一段时间的故事写作教学，学生虽然在故事情节结构方面有所进步，但仍然有相当一部分学生所写的故事胡编乱造，不合情理，大量充斥类似穿越、传奇等内容，故事牵强荒诞。学生似乎以为既然是虚构故事，就可以随心所欲，想怎么写就怎么写。于是，如何矫治学生的胡编乱造，就成为这一阶段的核心任务。

我们发现，学生所写的故事虽然包含了"冲突（愿望＋障碍）、行动、结果"等故事要素，但是对三者之间的关系处理并不恰当，其中，最严重的问题主要集中在"冲突"方面，"冲突"细分为"愿望"与"障碍"两大要素，而学生最集中的问题就是"愿望"设置不够合理——在写作中，似乎很轻易地就为人物确定了"愿望"，至于这一"愿望"如何形成、是否合理则几乎不考虑，同时也没有考虑到"愿望"、"障碍"以及克服障碍之"行动"的内在合理性及相互之间的关联性。

经过如上学情分析，我们确立了一个故事写作的教学方案：合理表达故事中人物的愿望。

基本教学过程如下。

一、设计故事人物愿望

师：我们在前面的故事写作学习中，已经知道一个故事一定要有愿望、障碍和行动等要素。但是，并不是说只要具备了这三个要素就自动成为好故事。好故事需要有合理的愿望，合理的障碍，以及对障碍巧妙合理的克服。只有当这些要素都能够完美地组接在一起时，才会产生一个精彩的故事。今天，我们学习故事写作的一个知识：如何表达一个合理的愿望。我们知道，《西游记》中的故事都是由一个"愿望"来推动的，这个愿望是——

生：（齐）取经！

师：没错，"取经"是一个强烈的愿望，在这个"愿望"的驱使下，小说主人公采取了许多行动克服了重重障碍，终于取得真经。可以说，没有"取经"这一愿望，就没有整部《西游记》。既然"愿望"如此重要，我们就应该好好设计它。下面请大家回忆我们学过的课文——《走一步，再走一步》，先请一位同学概述一下故事大意，然后我们再来讨论：这个故事涉及主人公的哪些愿望？这些愿望的合理性在哪里？

生：故事大意是：因为玩厌了弹子游戏，"我"和朋友们就去爬悬崖。爬到一半的时候，"我"因为害怕，就一直蹲在悬崖上不敢下来，直到晚上父亲来找"我"，在父亲的安慰和鼓励下，"我"爬下了悬崖。

师：谢谢！概括得很完整。有个问题：文中的"我"为什么要爬悬崖呢？

生：因为"我"很希望自己能像小伙伴那样勇敢。

师：哦，"希望自己变勇敢"！这就写到人物的愿望了。那么，这个愿望是随便冒出来的吗？它的形成有没有根据？是否符合情理呢？

生：因为这个孩子本来很胆小，所以他希望自己变得勇敢。

生：因为"我"是男孩子，所以希望勇敢。

生：还有好朋友的鼓励。

师：非常好！大家看，"希望自己勇敢"这个愿望在故事中是有充足的理由的："我"胆子小，因此想勇敢一点；男孩子希望自己勇敢，也是人之常情；此外，还加上好朋友的鼓励。有了这些理由，读者觉得"我"之所以想爬上悬崖就合情合理了。

这里，老师要提醒大家：愿望的合理表达，对写好一篇故事具有非常重要的意义。那么，怎样才能表达合理的愿望？现在我们结合课文中的例子一起讨论，争取总结出几条管用的方法。

生：愿望可以来自内在的原因，比如文中那个孩子的内心渴望。

师：真好！你一下子就为我们分出了"内"、"外"两个分析的区间。

生：还有外在的原因，比如他人的鼓励。

生：还有环境恶劣，比如天越来越黑了、向上爬越来越陡等。

师：还有吗？

生：（齐）对手的竞争，朋友的激励……

师：说得很好！其实内在因素也有许多，大家想想有哪些呢。

生：（齐）一个渴望。一份责任。一个梦想。一种恐惧。

师：对，负面情绪也是。还有吗？

生：（插话）嫉妒、虚荣、仇恨……

师：是的。一个愿望的产生，既有内在的原因，也有外在的原因，这两种原因有时候是结合在一起的，对吗？只有把这些原因写出来，别人读起来才会觉得合情合理。总之，大家在构思一个愿望的时候，如果从这两个方面去构思，就能够使故事显得更加真实自然。

二、构思故事

师：现在，请大家以"秘密"为题构思一个故事。围绕"秘密"先想出一个基本的愿望，注意保证愿望具有合理性。

（学生构思，随后小组交流，共计 15 分钟。）

生（小组 1）：这个故事的主人公是"我"，"我"有一个愿望：在暑假里骑自行车去江阴。这个愿望的合理性是：想磨炼自己。障碍是：爷爷奶奶都不同意，江阴的亲戚也不同意，家里只有妈妈一个人同意。在和妈妈商量后，"我"采取的行动是：谎报是坐火车去的，其实是骑自行车去的。然后妈妈帮"我"保守秘密，这个秘密只有妈妈和"我"知道。

师：哦，我知道了，这是周嘉豪写的。关于这个秘密你们小组成员可以补充，你们这个愿望的合理性出来了吗？磨炼自己为什么一定要骑自行车呢？就这一个理由？周嘉豪，其他同学也说要磨炼自己，他们为什么不骑自行车去呢？

生：还有一个理由是我特别喜欢骑自行车。另外，我也想利用暑假骑车沿途游玩一下。

师：哦，时间充足，这也是一个合理因素。还有我们全班就你一个喜欢骑赛车的，对吧？这两点是大家刚才没讲到的。另外，妈妈表现得很棒，和你一起保守了这个秘密。很好。第二小组，你们的故事是什么？

生（小组 2）：主人公是"我们"，是我们全班同学。愿望是：张老师要过生日了，我们想在教室为她办一个烛光晚会，给她一个惊喜，所以事先得保守秘密。

师：这个故事愿望的合理性在哪里？为什么要给张老师偷偷地过生日呢？

生：因为张老师教了我们两年多，对我们特别好，所以我们想在初三最后一年在她生日那天给她一个惊喜。

生：最后一年，想借这个机会给自己和张老师留一点美好的回忆。

师：好，把这些内容写上，为老师办烛光晚会这一愿望的合理性就充分了。第三小组，你们的故事出来没有？

生（小组 3）：主人公是"她"和"他"的母亲。愿望是："他"的母亲希望"她"能够走出悲痛重新生活。障碍是："她"和"他"彼此相爱，但自从"他"在一次车祸中不幸去世后，"她"悲痛欲绝，日益消沉，几度寻死。克服障碍的"行动"是：有一天夜里，"她"收到一条短信，是用死去的"他"的手机号码发的。内容是：振作，寻找幸福，这样我才能安心。"她"泪流满面。这个秘密只有"他"的母亲知道。两年之后，"他"的母亲看到"她"在婚礼上一脸幸福的样子，攥了攥"他"生前用过的手机，悄声说道："这才是他想看到的场景。"

师：好，请坐。大家听懂这个故事了吗？

生：（齐）听懂了。

师：这个故事很感人。其实，一开始我们以为是一个爱情故事，最后才发现是一个关于亲情的故事，是另一种爱的故事。那这个愿望的合理性是怎么呈现出来的？欧文杰，你写的，你先说说吧。

生：这是一个母亲的愿望，母亲希望"她"在自己的儿子死后，能够重新找到幸福，摆脱消沉。

师：哦，这个母亲是"她"的婆婆，当然只是未来的婆婆。那么，这个愿望是如何产生的，你准备如何来表现它的合理性呢？

生：我想写的这个婆婆太好了。她的愿望的合理性只有一个理由——那就是"爱"！

生：还有一个理由，就是"高尚"。（众生点头认可）

师：今天，我们一起分享了三个小组推选出来的三个故事，有两个都是发生在我们身边的真实事件。但是即便讲述的是真实的事情，如果愿望表达得不够充分，大家也会感觉到不够真实。比如大家给张老师买蛋糕一起庆祝生日，如果缺乏愿望的合理呈现，就不会打动人心。因此，通过今天的学习，大家应该意识到，要写好故事，光知道故事的几个要素是不够的。在叙述一个故事的时候，主人公的愿望一定要写得非常充分非常合理。当然，合理愿望的呈现不一定非得长篇累牍，有时三言两语就可以。

总之，要想写出一个精彩的故事，不妨先从写好一个愿望开始。

品评：
文学写作知识的炼制与使用

我们已经充分认识到文学教育的重要性。中学文学写作不以培养作家为目的，而是致力于丰富学生的情感、培育学生的想象力及创造力，同时注重发展学生自我表达的能力。文学写作，从某种意义上，已经变成一个认识自我、发现自我、表达自我的生命过程，是在用写作完成学生的生命体验。文学写作的价值无须多言。

正如绘画、戏剧、舞蹈、音乐等艺术门类一样，文学写作能力也可以通过专门的训练学习获得提升。

著名创意大师赖声川曾强调说，人的创意才能可以通过创意概念的培养和表现手法的训练来提高。复旦大学陈思和教授则认为：文学写作指导虽然不以培养文学天才为目标，但至少可以发现天才，并通过系统的写作训练来释放学生的写作潜能。

当文学写作已被纳入中学写作课程之后，一个更加迫切的问题随之浮现：文学写作教学究竟应该教什么？

以下几类现象在中学写作课堂中似乎并不少见：

有人将文学写作教学变成名作鉴赏教学，试图通过分析名家名作来培养学生的文学写作能力——这与以往范文教学的思路如出一辙；有人让学生大量写作文学作品，试图使学生在反复训练中获得写作能力——此举又似乎落入了"多写多练"的窠臼；还有人通过介绍众多文学流派、文学理念的方式试图使学生一窥文学写作之门径——但很显然，"知道"知识并不等于"会用"知识。

但是，文学写作并不是神秘灵感触发的产物，并不只是天赋的产物，绝不像有些人所宣称的那样"文学写作不可教"。事实上，文学写作是可教的，并且可以教得相当有成效。而文学写作知识，则是文学写作教学得以成功的基本保障。

一、文学写作教学要摒弃"TBU"知识

所谓"TBU"知识，就是那些"正确但是无用"（ture but unuseful）的知识。之所以提出这一话题，是因为在当下写作教学课堂上存在着众多类似的知识。

章熊先生曾经整理 20 世纪初直至 80 年代近 30 部写作研究著作后发现，我国写作学所侧重的还是"主题、材料、结构、语言"等文章知识。[①] 在写作观念上，研究者依然秉持"文章写作"观，刘锡庆先生谓"所谓写作，即文章之制作"[②]，可谓代表主流认识。因此，至 1980 年代我国写作课程的系统化主要是在文章学视角下形成的一套写作知识体系，如：主题、素材、构思、结构、段落等要素，铺垫、衬托、照应、渲染等手法，记叙、说明、议论、抒情、描写等表达方式。曾祥芹先生将文章知识分为五篇 30 章节，建立了一套完整的文章学知识体系。[③]

这些知识对于文章学研究而言是必要的，有重要价值。但是，如果直接将这些知识作为写作知识引入写作课程，可能存在许多问题。

那么，中学写作课程中的写作知识又是一种怎样的情况呢？自 1978—1988 年十年间，我国颁布了四个语文教学大纲，建立了一套"基本知识基础技能"的所谓"双基"体系。这套体系又与 80 年代引进的标准化考试结合，逐渐发展成为一个涵盖读写的严密的课程知识体系。在写作课程上，这套"双基"体系以"三大文体知识"为主体，吸收了语言学、文章学、文学等知识，构建了一个旨在体现内容全面、结构清晰的语文知识技能系统并分解细化为"知识点"、"能力点"、"训练点"进行系统训练的线性教学序列。

---

① 章熊 . 中学生写作能力的目标定位［J］. 课程·教材·教法，2000（5）.

② 刘锡庆 . 基础写作学［M］. 北京：人民教育出版社，2007：1.

③ 曾祥芹 . 文章本体学［M］. 北京：文心出版社，2007：1.

如北师大实验中学编的初中语文实验教材以写作为体系，以阅读为基础，读写紧密结合，兼顾听说：初一记叙文"分点教学"，初二以文体、题材分类的单元综合教学，初三是多类型、多层次、多角度的比较教学。华东师大一附中陆继椿主编的分类集中分阶段进行语言训练实验课本以写作能力为线索，进行听说读写综合训练，由18个训练阶段、108个训练点构成了记叙能力、说明能力、论述能力、文言文阅读能力、文学鉴赏能力的训练序列。欧阳黛娜编的初中语文实验课本是阅读、写作分编，以能力训练为经线，以语文知识为纬线，由98个训练点构筑的训练体系。

写作知识系统的探索影响较大的有常青的"分格"写作序列以及上海陆继椿的"双分"写作序列。常青分格训练写作教学的整体设想是将写作需要的能力进行分项训练，以形成一个一般写作思维的操作模型，这一模型具体包括观察、思维、想象、表述和语言五大系统共计256格，然后逐一分格进行训练，经过"化整为零"的分格练习后，再进行"化零为整"的综合练习。属于分格训练序列的实验研究还有湖南邓日的"初中作文分项训练法"，辽宁李忠义的"高中段以训练项目为单元组织作文教学法"。此外还有丁有宽将小学记叙文读写的规律性知识归纳为"50法"或"50个基本功"，包括句子、句群、构段、文章开头、文章结尾、谋篇、记事、写景状物和写人9个类别。

几十年来的教学实践证明：这些越来越细致、越来越复杂的写作知识系统对于学生写作能力的提升似乎并没有起到什么作用。研究者也认识到：写作知识的系统化体现了我们对写作教学规律认识的深化，但从另外一个角度看，知识分项过细，过于强调训练的系统，恰恰可能违背了写作教学的本质规律。写作是一个综合性很强的活动，写作过程并没有必然的线性联系，试图用人为的逻辑与机械的层级划分写作知识，很可能遮蔽了写作的综合性与循环性。[①]叶黎明在比较了我国写作教材与《美国语文》在写作内容组织特点方面的差异后指出：美国写作教材中的写作知识基本上不以成篇文章的面

---

① 叶黎明.语文科写作教学内容研究［D］.上海师范大学，2007.

目出现，不追求知识的系统性和完整性，但非常注重知识的实用性，讲究"精要、好懂、管用"，善于将知识隐藏在教学步骤的设计中和写作任务的描述中。[①]

兹以我国现行语文教材中有关记叙文写作的知识为例予以说明。

我们对人教版、苏教版、沪教版三类教材所涉及的记叙文知识进行了梳理，三类教材中涉及的记叙文有关知识内容如下：

> 记叙文的内容与方式：简单记叙文和复杂记叙文。
>
> 记叙文的写作对象：写人，叙事，写景，状物。
>
> 记叙的六要素：时间、地点、人物、事件的起因、经过、结果。
>
> 记叙的顺序：顺叙、倒叙、插叙。
>
> 记叙的线索：人线、物线、情线、事线、时线、地线。
>
> 记叙的人称：第一人称，第三人称，第二人称。
>
> 记叙的中心与详略：材料与中心，材料的详略安排。
>
> 记叙文的常用表达方式：记叙、描写、说明、议论和抒情。

不妨假设这些分类都是合理的，这些知识也都是正确的。但是，我们依然无法回答如下问题：为什么记叙文写作教学要教这些知识？这些知识是否能够促成学生写作记叙文的基本能力？如果删去其中部分知识，学生的记叙文写作学习是否会因此受到影响呢？就以人们极为熟悉的"记叙六要素"为例，"时间"、"地点"等知识真的是写记叙文的基本要素吗？"很久很久以前，在一个遥远的地方……"这样的时间、地点是否有必要作为一种写作知识让学生掌握呢？我们知道，在叙事类作品中，即便"时间、地点、人物、事件"这些要素样样俱全，未必就称得上是一篇好的叙事作品，可见，这些知识即使不教给学生，学生也可以从阅读中自然习得；而即便教给学生，也未必能够促进学生叙事能力的形成。换言之，这些知识不是叙事作品的关键性知识，也不是制约学生写作叙事类语篇的主要障碍。那么，什么才是一篇

[①] 叶黎明.语文科教学内容研究［D］.上海师范大学，2007.

叙事类作品的关键呢?

二、关键性知识是文学写作教学的基础

我们应该选择什么样的文学写作知识呢?

合宜的写作知识可以借助目前在国际上流行的"教育超市"这一隐喻加以阐释,"超市"中有丰富的商品,但是,这些商品主要是为满足消费者的需要而不是为了体现商品自身的系统丰富。同样,写作知识也应该充分体现"实用性"而大可不必刻意追求知识体系本身的"系统性"与"丰富性"。

学生在进入写作学习之前,对于写作并不是一无所知。尤其在母语学习情境中,学生从以往的写作课堂学习中,从自我阅读中,从与同伴的交往中,从日常生活中习得了大量有关写作的知识。这些知识有正确的也有错误的,混合在一起形成学生写作学习的"前提知识系统",学生通过这个"系统"开始新的写作学习,这个"系统"是学生赖以开展新学习的唯一工具。写作学习是一种综合性学习,一个语篇实际是一个全息性的意义产品。完成一个语篇的写作固然需要多种知识、多种技能的参与,仅从写作知识角度分析,其间就包含着语言表达知识(语言知识、文本结构知识、语境知识)、主题内容知识等多层级知识,但是,在具体的教学中是否需要让学生全部学习这些知识呢?

我们以为,合宜的写作教学其实只需要为学生提供少量而有效的知识即可。其理由如下。

首先,学生在进入写作学习时,有许多写作知识是学生原先就已经具备的,虽然未必完全准确,但绝非一无所知,只是在其中某一层级、某一环节或某一点上存在知识错误或缺陷。因此写作课程与教学既不可能也无必要在有限时间段内提供完成一个语篇所需的全部知识,只需根据实际需要提供针对性的必要知识即可。

其次,许多知识对于学生完成不同的写作任务所起的作用又各不相同。写作固然需要涉及多方面的知识,但对于完成某一具体写作任务则只需学习少数最为关键的知识。

再次，对于具有不同知识背景的不同学生也只应该为其提供针对性的有效知识。

那么，如果开展虚构类故事写作，需要教给学生什么知识才最为有效呢？

美国写作研究者杰里·克利弗如是说："故事是任何一个叙述的基本元素。没有故事就没有叙述，写作叙事作品的关键在于能够写好故事。好的故事包含三个要素：冲突（愿望＋障碍）、行动、结果。一个人遇到一个难题（冲突），他必须努力奋斗（行动），于是他成功了或者失败了（结局）。冲突一旦解决，故事就结束了。是冲突推动了许多事情的发生，是冲突让故事发生了种种变化，总之，冲突使故事产生各类效果。"[①] 因此，让学生写虚构类记叙文，其实只需要教会学生设计"冲突"即可。这就是记叙文写作的密码。而一旦掌握了"冲突"这一故事密码，以下记叙文知识就可以不必大费周章地在课堂上教学了。

（1）故事的开头、中间和结尾（开端、发展、高潮、结局）不必教。因为故事的开头就是冲突的出现（人物的渴望遭遇到障碍），中间部分是斗争（行动），结尾部分是结局。它们已经被冲突、行动和结果这些概念涵盖了，所以没有必要浪费时间。

（2）人物性格塑造的手法不必教。因为塑造一个人物只需要通过他应对难题的方式来进行，即当他面临一个障碍或者一个威胁的时候采取了什么样的行动。行动就是人物的性格。如何使人物形象招人喜欢？一个与生死攸关的难题做斗争的人物，一个因为这个难题可能打垮自己而担惊受怕的人物通常会引起读者的认同：认同就是喜欢。所以没有必要刻意塑造招人喜欢的人物。

（3）如何使故事情节引人入胜不必教。因为一旦故事中的冲突合情合理，就必然让读者有认同感，自然会让人觉得生动有趣，而创造认同感只需要通过冲突和斗争来塑造人物性格。

---

① ［美］杰里·克利弗.小说写作教程——虚构文学速成全攻略［M］.王著定，译.北京：中国人民大学出版社，2011：28-29.

试想一下，如果在进行故事写作教学时，教师试图把这些知识全部教给学生，那么写作教学会臃肿成什么样子？因此，我们可以得出结论：学生的写作学习需要掌握关键性知识而非系统全面的知识。

三、炼制文学写作知识的策略

策略一：依据文体特征确定文学写作的关键知识

文学写作的课堂到底应该教什么？在复旦大学执教"创意写作"的王安忆将之归纳为三个方面：对文字的理解、对情节的安排和对故事的构架。虽然她指的主要是小说写作，但其内在理据却表明这一原则："情节"与"故事"是小说文体的核心要素，相应文体的教学内容必定是该文体的核心要素。因此，我们可以从文体知识这一维度开发文学写作学习的核心知识。

例如，对于格律诗、散文的阅读与写作，可以教以"省略与语序、对偶效应、句型规范"等知识；对于新诗写作，则可教以"隐喻、反讽"等内容。而对于小说、故事等文体的写作学习，"情节与故事"就不可或缺。上述课例中的"故事三要素"、"愿望的合理表达"就是虚构故事中的重要知识。这些内容，美国写作研究者杰里·克利弗在其著作中已有详细阐释：故事是任何一个叙述的基本元素。没有故事就没有叙述，写作叙事作品的关键在于能够写好故事。好的故事其实只有一个核心要素：冲突。是冲突推动了故事的发生，让故事发生了种种变化，冲突使故事产生出各类效果。因此，让学生写虚构类记叙文，只需要教会学生如何设计"冲突"即可。

但是，如果是纪实类的故事写作，如传记、回忆录等，则需要借助另外的知识。首先要有尊重事实的写作态度，因此作者就需要借助查阅资料、实地考察等方式确保叙事的准确无误。其次，在叙事技巧方面，则需区别对待：如果事件本身曲折跌宕，作者只需照样实录即可；如果事件平淡无奇，作者就需要通过一定的方式，如悬念、倒叙等手段，增强其可读性。

以上知识内容，可以从有关文学理论中获取，可以从作家的经验中吸取，也可以从作品范文中提取。

策略二：依据学情确定文学写作的关键知识

对于中学语文教师而言，文学写作教学内容必须充分考虑到写作学习主体——学生的实际状态，我们在这里称之为"写作学情"。

一方面，随着写作研究的不断深入，写作知识内容在不断递增，这使得写作教学越来越成为难以掌握的巨大知识空间；另一方面，每位写作学习者在写作中所能够有效应用的写作知识资源只是一个有限的小世界。在巨大的知识空间与实际运用的小世界之间，迫切需要进行有效的联通，否则，诸多写作知识资源对学习者而言就如同信息的"汪洋大海"，最后会淹没写作者。从实际需求来看，那些游离于学习系统之外、没有与学习者需求相联结的知识通常是缺乏实用价值的。因此，学习内容必须与特定的学习者需求相捆绑。而语文教师的专业能力就表现在：他能够把成熟写作者在写作上模糊的"感觉"揪出来，转化为学生易于接受的明确的知识和具体的例子，借此创生出有效的写作教学内容。

我们在教学中发现，在故事写作教学之初，学生经常面临无从下笔的困惑，更谈不上如何写好故事。写出来的故事多数是简单交代一个事件，然后再来一段夹叙夹议的文字，说一说自己对这一事件的总体感受，完全没有故事味。学生在写作故事时，经常只会简单叙述事件，所写故事单调乏味，习惯于把故事当成一般的叙事散文来写，这些都构成了学生故事写作过程中的主要问题。于是确定如下教学目标：让故事有故事味道。为此，引入美国作家杰里·克利弗有关"故事内核"等知识指导学生进行故事写作。

上述桑老师的课例，显然是在认真分析了学生的写作实际状况的前提下设计的。学生的故事写作可能有多种问题，而桑老师此时面对的学生，主要问题出在"故事写作不合理"，而不合理的原因在于"愿望表达不合理"。只有当我们探测分析了学生在具体写作方面的症结之后，才能够确定教学的具体内容。

总之，确定合宜的文学写作知识，必须从具体的文学文体特征和学生写作学情两个维度出发。但是，即便确定了有效的知识，如何呈现这些知识依然是一个问题。

策略三：创设知识运用的具体情境

写作是一种典型的实践型的活动，它的主要特点不是"知道"知识而是"运用"知识。知识的运用必定有具体的情境，因此，文学写作也需要提供运用知识的情境。

国外许多写作教师在指导学生进行文学写作时颇善于创设情境帮助学生写作。

例如，指导学生进行"个人叙事"写作时需要教授的知识是：以自我回忆为故事内核，通过不断添加细节最终形成故事。为使学生更好地运用这一知识，有教师创设了这样一个情境：教师在黑板上出示一个字母，要求学生通过这个字母引发自己的一段回忆，然后将这一段回忆加工为一个故事。

再如，人们普遍认为，诗歌写作是灵感的产物，是不可教的。但是，在英国剑桥小学为9—11岁学生举办的一个系列诗歌培训班上，许多学生却写出了不少好诗。这次诗歌教学内容是"运用比喻手法创作诗歌"，教师设计了一个非常吸引学生的写作情境"比喻发生器"：

这首诗每一行都有具体的要求。首先让学生想一想他们爱的或喜欢的某个人，然后把他的名字写在一页纸的上方（这其实就是诗歌的标题）。然后要求学生用"你是……"的句式来比喻这个人，第一行把这个人当作一种自己喜欢的食物来写，第二行把这个人当成某种气候来写，接下来把这个人当成一件家具、一辆运输工具、一件衣服来写……这些情境化的活动设计，使得诗歌写作学习不再虚无缥缈、难以把握。

策略四：培养学生的语言敏感

学生缺乏语言敏感的现象屡见不鲜。语文教师必须时刻提醒自己要注意培养学生粗壮的感性神经和敏锐的语言悟性。在文学写作过程中，对某个词语的反复推敲，对某一句式所特有的意味的揣摩，对一个场景乃至一个细节的感受与传达，都在使作者的心灵日益变得细腻而丰富。文学创作就是这样：一方面需要借助作者的人生体验；另一方面也在深化、丰富着作者的某种体验。文学创作总是以细致入微的感觉、以独特的心灵表达滋养着作者的心灵。

第八章　创意写作：如何走出"大悲咒"困境？

执教教师简介

　　宋士广，上海市大同中学高级教师，主要从事中学语文教学与教育心理学研究。长期在学校开展文学教育活动，主持学校点石文学社，开展文学创作教学。2015 年获得上海市首届市民诗歌节一等奖。在语文教学核心期刊发表论文多篇，与女儿合作出版《海力布的神奇冒险》童话故事集。

评课要点概述

··

　　故事，是人类最古老的文学样式。在没有文字之前，人类就不断在讲故事、听故事，人们在叙述故事的过程中进行交流与沟通，思考与学习。人类之所以成为人类，一个重要的特征就是人类具有一项能力：运用语言描述自身的经历。

　　故事的重要性毋庸置疑。但是，故事在当下写作教学领域中却早已遭到放逐：日常教学中，教师通常不教学生写作故事（也许很大程度上是不知道如何教）；考前写作指导，教师则会将"不写故事"作为一条戒律再三叮嘱学生，在语文教师看来，故事写作已经成为一种风险极大的写作行为。

　　宋士广老师提供的关于教学生写故事的故事，给我们带来了全新的感受，也使得我们开始思考故事写作的教育价值及教学策略。

··

课例 8

宋士广：写故事的故事

在我的写作教学经历中，有几个不得不说的故事。

一、我教女儿写故事

女儿小的时候，我哄她睡觉，给她讲故事。起初，只是不断重复那些《小红帽》《海的女儿》之类的故事。渐渐地，孩子听腻了，我也讲厌了。

有一天，我讲起了"海力布"的故事，孩子特别喜欢。海力布何许人也？海力布是我小时候读过的一个蒙古族民间故事。它深深地印在我的脑海里，以至我时常眺望屋后的青山，想象哪一座山峰是海力布化成的。我对女儿说，以后每次讲故事，我固定选择"海力布"作为主人公，而她可以任意选择一个喜欢的角色，比如"小白兔"、"小蚂蚁"、"小蜥蜴"都可以，然后将这两个"人物"组合起来讲一个从来没听过的故事。她很开心，一个全新的"创意故事"系列就这么开始了。

"海力布"是我的专利，另一个角色由女儿确定。父女俩躺在床上，你说一个，我说一个，两个角色常常是风马牛不相及。然后我们各自再想几个点子，就开始信口开河编起故事了。

女儿有时故意刁难我，说出一些和海力布八竿子也打不着的角色；但我硬是凭借各种"狡诈"将它们打着了，让它们相亲相爱了，最后把故事编圆满了，逗得女儿格外开心。

有一次，女儿一定要我讲一个"海力布和奥巴马"的故事。美国总统和海力布能有什么关系呢？我想了想，为故事编了这样一个开头："从前，在一个美丽的国度里，生活着一匹黑色的骏马，名字叫奥巴。"

哇！女儿惊呼之后，紧接着就吃吃地笑。她没想到奥巴马还可以这样解释。这一招给她学走了。后来，她讲了一个"海力布和'奇怪'"的故事："这事让奇怪知道了？什么，奇怪是什么东西？哦，原来是一只名叫'奇'的怪物。童话书里不是说'年'也是一种怪物嘛！那么'奇'是一只怪物，这有什么好奇怪的呢？"哈哈哈，这回轮到我笑了。我一边笑，一边在心里暗暗地说：我服了你。估计她当时听我讲故事时也是这种心理。

还有一次，我问她：今晚要听海力布和谁的故事？她调皮，不停地向我吐舌头，发出呜啦呜啦的声音，然后，我就一本正经地给她讲了"海力布和呜啦呜啦"的故事。孩子又开心了，这也能变成故事？

孩子上学后，学习成绩非常优秀，写起作文更是一气呵成。这是不是讲故事带来的效果呢？

每次讲完故事，如果自我感觉比较好，那么次日我就会凭记忆将头晚的故事写出来贴在博客上。就这样，几年后，我的博客上积攒了 50 多个故事，共计 10 余万字。2014 年暑假，我和女儿花费了一个多月的时间，给这些故事配了插图，终于编印出来一本童话故事集。凡读过这本书的小朋友都深深地被故事吸引了，许多老师看了也赞不绝口。

二、我教学生写故事

后来，我将自己为女儿编故事的经验搬到写作课堂上，也受到学生的欢迎。同学们兴致勃勃、相互合作，写出了不少有意思的故事。

曾经闲翻童书，一个故事给我留下深刻的印象。有人为了帮助孩子克服羞涩的毛病，为孩子虚构了这样一个关于羞涩的金钱豹的故事：

> 金钱豹身上为什么有许多斑点呢？原来啊，金钱豹非常害羞，它整天躲在灌木丛里不敢见其他动物，天长日久，身上太阳晒到的地方就成了金黄色，没晒到的地方就成了深褐色。当然了，后来豹子成长起来了，不再害羞了，但身上的斑点却永远留下来了，不过这些斑点一点也不丑，因为这是它成长的痕迹啊。

我从这个故事中开发出一些故事写作的知识，提取了一种构思方法，我称之为"还原模式"：面对一个特别的事物，不必拘泥于其事实本相如何，只需天马行空自由想象该事物的来历，用自己的方式自圆其说地解释其来历，这就足以构思出一个好玩的故事。在编故事的过程中，我就是上帝，我可以按自己的意愿重新创造万物、定义万事万物。

依据"还原模式"，孩子们写出了许多故事。他们发挥想象，用自己的理由"合情合理"地解说各种现象和各种事物：乌鸦为什么会变得身子焦黑嗓子哑？是因为它冒死从火里救人。猫头鹰为什么长得那么奇怪？是因为它用一种神奇的胶水将猫的头和鹰的身子粘在了一起。布谷鸟其实最早叫"不哭鸟"，因为它一叫，别人就开心了，不哭了，它的叫声为人们带来了春天，与农民的播种时节同步，于是，大家又叫它"布谷鸟"……

这里，选一则我们编写的小故事，供大家欣赏：

从前，天上的星星只有一个，和月亮一样大。它和月亮每天晚上轮流在天上巡逻，给人间带来光明。可是，有一天，星星在天空骑它的白云小马的时候，不小心摔了下来，跌到了一个山谷里，碎成了成千上万个小星星。

星星受伤了，月亮就替它巡逻，可是一直这样，月亮会累坏的。星星也很不好意思，就请求山谷里的蝴蝶驮着它飞到天空。

人们一看星星不再是一个了，而是变成了千万个小星星，就比画着说这是一只狮子，那是一只天鹅。星星看在眼里，感到非常高兴。

有时候，有的蝴蝶累了，一不小心从天空掉了下来，那就是美丽的流星。据说，对着流星许下一个美好的愿望，一定会实现的。

星星非常感谢月亮和蝴蝶，所以它有时候也派几颗小星星陪伴月亮在天空巡逻。而蝴蝶的翅膀因为染上了星星的光芒，变得闪闪发光，别提多漂亮了。当它们在阳光下翩翩起舞时，翅膀上的闪光就像成百上千个星星在说话。

另外，学生课内课外阅读过程中，会读到许多神话故事：精卫填海、夸父追日、共工怒触不周山、鲛人落泪成珠……这些内容都被学生运用到故事写作中，成为他们故事的框架或者素材。比如，学生写《北极星的故事》就融入了共工的故事，写《贝壳传奇》就借用了鲛人的故事，写《大海怪》则明显借用了希腊神话百眼怪人阿耳戈斯的内容。此外，还有许多故事情节，比如路上帮助别人最后被人帮助，这就借鉴了民间故事的典型套路。

三、我的故事教学反思

在指导女儿、指导学生编故事、写故事的过程中，我对"故事写作"教学进行了一番思考，总结梳理出以下故事写作教学的经验。

首先，写好一个故事，需要确定一个故事主角。我们知道，许多有趣的故事都需要一个恒定的主角，例如，"丁丁"、"米老鼠"、"唐老鸭"、"光头强"、"黑猫警长"、"喜羊羊"等莫不如此。有了这样一个主角，再加入别的角色，就容易发生许多有意思的故事。例如，我所选择的故事主角海力布，他的身份是一个猎人，这个身份赋予了他广阔的活动空间，为故事的展开提供了有利条件。

其次，写好一个故事，需要一个较为固定的故事模式。我为孩子编的故事大多有一个固定的故事模式：遇到困境＋海力布出马＋困境解决。这样的模式似乎有些单调，然而对于即兴编故事的我来说，没有这个模式，要想在短短几分钟内就编出一个像模像样的故事，还真是有点困难。事实上，固化模式对于艺术创作，如文学、书法、绘画、电影、戏剧等，也具有相当重要的价值。举例来说，古诗形成格律以后，不但没有因受束缚而衰落，反而蔚为大观产生了巨量的诗歌。书法也有笔法章法，然而各家写出来同中有异，缤纷灿烂。许多电影都有小人物变大英雄的模式套路，然而各家拍出来的电影却各有各的味道。我认为，这个道理对故事模式也是适用的。先掌握一种模式，便于学生的学习运用，然后再从局部改编它，最后再或从反面或仿其运思做另类改变乃至跳出它。

再次，故事写作，趣味优先。故事性是故事写作的关键。让学生编得兴致勃勃是故事写作教学的先决条件，至于主题思想什么的倒是次要的。如果弄颠倒了，就会兴味索然。好的故事自然会蕴含思想，但绝对不能让故事去证明思想、印证思想——主题先行、刻意求深是故事写作的大忌。

　　总之，故事是个好东西。在故事写作过程中，学生的创造力、语言表达能力，学生的多种语文素养，都会得到充分的滋补与生长。我在家庭教育、语文教学过程中受益于故事写作颇多，不敢专美，特撰此文与同行分享。

品评：
创意写作与故事模板

一口气读完宋士广老师关于故事写作的故事，不由感慨不已。宋老师关于故事写作教学的实验，可以给写作教学带来非常丰富的启发。

故事，是人类最古老的文学样式。在没有文字之前，人类就不断在讲故事、听故事，人们在叙述故事的过程中进行交流与沟通，思考与学习。人类之所以成为人类，一个重要的特征就是人类具有一项能力：运用语言描述自身的经历。

故事的重要性毋庸置疑。但是，故事在当下写作教学领域中却早已遭到放逐：日常教学中，教师通常不教学生写作故事（也许很大程度上是不知道如何教）；考前写作指导，教师则会将"不写故事"作为一条戒律再三叮嘱学生，在语文教师看来，故事写作已经成为一种风险极大的写作行为。

宋士广老师提供的关于教学生写故事的故事，给我们带来了全新的感受，也使得我们开始思考故事写作的教育价值及教学策略。

一、放逐故事：写作教学的遗憾

"故事写作"惨遭放逐，是写作课程与教学的一大遗憾。

但是，在国外，甚至在 20 世纪前叶的中国，"故事写作"在课程体系中占据极其重要的地位。韩国非常重视故事写作。韩国课标把写作分为五类：传达信息类写作、说服类写作、表达情绪类写作、交际类写作和在信息化社会里写作①，其中第三类"表达情绪类写作"就包括诗歌、小说、童话、故

---

① 中外母语教材比较研究课题组．中外母语课程标准译编［M］．南京：江苏教育出版社，2000：503.

事、剧本、随笔等几种文体。

在中国，1932年民国政府颁布的《小学课程标准国语》对故事写作的要求更加具体：生活故事、自然故事、历史故事、童话、传说、寓言等。①但自1950年代以来，故事写作就基本被边缘化乃至被放逐了。

如今，故事在写作课程中的地位开始受到重视，但总体上还是呈现两头热、中间冷的态势，即：小学、大学阶段的故事写作教学如火如荼。中国人民大学、复旦大学、上海大学都开设"创意写作"专业；许多小学教师高度重视故事写作教学，开展各类故事读写教学，例如，有绘本故事阅读写作、童话故事写作、科技故事写作等等。但是，在中学语文教学领域，故事写作却依然是一个不招人待见的"灰姑娘"。

在明确了故事写作教学的基本价值及"必要性"之后，我们就可以将本期研讨话题直接界定为故事写作教学"教什么"与"如何教"的问题。

二、故事写作"教什么"？

宋士广老师为孩子编故事的过程，其实是一个开发故事写作课程知识的过程，也就是说，涉及故事写作"教什么"的核心论题。他总结出的"确定主人公"、提供"故事模式"、追求"故事味道"都具有写作知识的价值。

先讨论"故事味"。

学生写故事经常写不像，原因多半在于他们不知道好故事的基本要素。学生所接受的多半是一些"万金油"式的记叙文知识：中心突出、内容具体、夹叙夹议、卒章显志。这些知识无法帮助学生写好故事，最多不过写出些"事件＋感受"之类的非故事、非散文式的"四不像"文章。学生为什么在考试中写故事总是得低分？其实往往不是故事写作导致低分，而是因为学生不会写故事，因为学生所写的"故事"只是披着故事外衣的"伪故事"。

学生写不好故事，责任在教师，因为教师从来没有教学生如何写故事。

---

① 课程教材研究所.20世纪中国中小学课程标准·教学大纲汇编（语文卷）[M].北京：人民教育出版社，2001：24-25.

而教师不教学生写故事，责任却在课标、在教材，因为我们的课标、教材还没有将"故事"纳入自己的疆域，更不必说提供有效的故事写作知识了。

那么，写好一个有故事味的故事，需要教学生学习哪些知识呢？

故事首先是一个过程，这个过程就是"谁做了什么事"。其中有两个基本要素：谁（人物）、做事（事件）。因此，故事写作关键的知识大概有如下两种：如何确定人物？如何设计情节？

第一，确定一个特别的人物。

对此，宋士广老师的实验已经有所涉猎。这里，再稍微往深处谈一谈。写好一个故事必须确定一个故事主人公。因为一旦选定了一个人物，就为故事确定了一个特别的视角，设置了一个特别的情境，故事的背景、故事发展的逻辑都依此确定。王安忆曾指出选择主人公的重要价值：我们经常说某作品通过孩子的眼睛写出了一个时代，这样的表述是有问题的，因为，假如这篇作品是优秀的话，那么就必定是关于一个孩子自己的故事，如果只是借孩子的心情和嘴巴来讲大人的故事，那便是虚妄而做作。[①]

如何为自己的故事确定一个人物呢？

首先，这个人物必须有自己鲜明的特征。宋老师在为孩子编故事时，选择了"海力布"这个聪明的猎人作为所有故事的主角，这有点像民间"阿凡提"幽默机智、富有正义感，"济公"破鞋垢衣，行为疯癫却又戏侮惩恶、扶困济贫。人物一旦确定，故事情境就基本确定，而故事的推进也就必然会带上猎人的"行业特征"，体现出猎人"机智、勇敢"的特征。

其次，所确定的人物其特征必须为后文的故事张本。安徒生童话里的"海的女儿"、"小锡兵"，外国系列故事里的"鼹鼠故事"、"猫和老鼠"、"福尔摩斯"、"007"，中国的"葫芦娃"、"黑猫警长"、"海尔兄弟"、"喜羊羊"等等，都是在确定了主角之后衍生出一系列故事。这些故事，与主人公的基本特征之间有着非常密切的关联，或者说，就是由人物本身特征生发出来的。

---

① 王安忆.故事和讲故事［M］.上海：复旦大学出版社，2011：2.

因此，语文教师应该指导学生在写故事之前明确一个问题：我想写一个关于"什么人做什么事"的故事。例如，想写一个"爱衣服的国王上当受骗的故事"，想写一个"丑陋的小鸭变成美丽的天鹅的故事"，想写一个"可怜的卖火柴的小女孩冻死街头的故事"。

第二，编织一组富有逻辑的事件。

确定人物之后，还需要依据人物的特征来构思故事。

美国写作研究者杰里·克利弗主张：写出一个好故事，关键看能否写好"冲突"，一个人遇到一个难题（冲突），他就必须努力奋斗，采取行动，这时，冲突开始推动事情发生，让故事发生了变化。冲突一旦解决，故事就结束了。因此，让学生写故事，只需要教会学生设计好"冲突"即可。那么，如何设计冲突呢？这时，我们就需要对"冲突"进行进一步的细分，冲突包括愿望和障碍。

看来，如果要指导学生组织好故事情节，关键在于教会学生写好"冲突"，而要写好"冲突"，则需要教给学生两个最基本的知识：愿望、障碍的合理性，克服障碍的创造性。之所以强调愿望、障碍的合理性，是因为故事是由一组有关联的事件构成的，为了确保这些事件形成有意思的故事，就必须靠人物的动机与愿望来推动。故事要合理，人物的动机愿望就必须合理，而人物的动机和人物的特征密切相关。例如，唐僧之所以义无反顾地去西天取经，因为他是金蝉子再世，也是怀有普度众生宏愿的一代高僧。只有将这些交代清楚了，西天取经的愿望才能够坚如磐石牢不可破，后面才会有一系列考验其取经愿望坚定与否的"障碍"。

第三，教会学生设计愿望、障碍及行动的策略性知识。

我们在教学实验中曾经开发了以下知识，学生运用这些知识写出了不少富有故事味道的好故事，现择其关键简介展示：

（1）设计合理"愿望"的常用策略：榜样激发、内心憧憬、神秘力量的召唤……

（2）设计合理"障碍"的常用策略：特别考验、对手挑战、各种自然和人为的危机……

（3）设计巧妙"行动"的常用策略：寻求外援、巧施妙计、意外的运气……

例如，设计"行动"的策略就有多种，如找外援、设妙计、运气好等，仅以"巧施妙计"为例，就可以开发出"离间法、激将法、感化法"等更多策略。有了这些具体、可操作的设计愿望、障碍与行动的知识，学生在故事写作时就有了诸多凭借，可以确保学生的故事写作富有故事味道。

总之，大多数学生无法仅仅通过阅读故事就能学会故事写作，因此，教师提供必要的故事写作知识是确保学生写出好故事的关键。

三、故事写作"如何教"？

有了合宜的故事知识，也未必确保学生一定能够学会故事写作。因为教师不能将一堆"故事写作知识"直接移植到学生头脑中。这时，"如何教"就成为故事写作教学的重要任务了。

其一，依据学生故事写作的实际水平，探测诊断学生在故事写作过程中的学习需求，然后依据实际需求，选择针对性写作知识开展"点穴"式教学指导。

例如，教师的故事写作教学根据学生的实际状况大致会经历以下两个阶段：

第一阶段主要解决学生"不会写故事"的难题。这时，可以借助国外冲突（愿望＋障碍）、行动、结果这一故事写作的三要素知识，指导学生学习故事写作，结果多数学生基本掌握了故事写作方法，有些学生甚至能够洋洋洒洒地写出 1500 字的故事。在教学过程中，我们明显感到学生的快速进步：从"没有故事味"到"像个故事"，从"没啥可写"到"一发不可收"。看来，故事"三要素"这一关键知识确实提升了学生虚构故事的水平。

第二阶段主要解决学生"写不好"的问题。经过一段时间的故事写作教学，学生虽然在故事情节结构上有所进步，但还有相当一部分学生所写故事胡编乱造，不合情理。例如，充斥类似穿越、传奇等内容，故事牵强荒诞。于是，如何矫治学生的胡编乱造，就成为这一阶段的核心任务。我们发现，学生所写的故事虽然包含了"冲突（愿望＋障碍）、行动、结果"等故事要素，但学生对三者之间的关系处理得并不恰当，没有考虑到"愿望"、"障碍"以及克服障碍之"行动"的内在合理性及相互之间的关联性。其中，最严重的问题主要集中在"冲突"方面，"冲突"可以细分为"愿望"与"障碍"两大要素，而学生最集中的问题就是"愿望"设置不够合理——在写作中，学生似乎很轻易地就为一个人物确定了"愿望"，至于这一"愿望"如何形成、是否合理则几乎不考虑。

其二，为学生的故事写作学习提供必要的支架。

在写作学习过程中，学生经常会遇到各种写作困难，这时教师一般都需要提供不同的支架予以支撑。例如，当学生写作缺乏材料时，教师提供"接收支架"帮助学生搜集材料；当学生拥有写作材料但难以恰当组织运用时，教师提供"转化支架"帮助学生调用、组织相关的写作素材。

例如，美国创造教育专家帕内斯就曾创制"滑栏创作法"用以支持学生的创意写作。这一支架形式是一张表格，表格列举了写作一个故事的若干要素，例如人物、地点、目的、障碍、克服障碍的手段、结局等等。在表格空格处分别填上能够提示想象的内容。如在任务一栏，分别填上"商人"、"囚犯"等，在地点一栏，分别填上"商店"、"菜市场"等。在教学中，教师把一把尺子放在表格上，上下滑动，滑到哪一格就根据此栏的提示编写故事。如滑到"商人"一栏，就编写一个虚构的商人的故事；滑到"医院"一栏，就编写一个发生在医院的虚构故事。

通过"滑栏创作法"，教师为学生随机创设许多独特的故事构思的情境，便于激发学生的思维，打开学生的思路，使学生产生很多别致的构思。

其三，运用故事模板降低故事写作难度。

许多学生经常觉得写故事很麻烦，或者由于没有什么可说而中断，或者因为结构散漫，不断重复而停笔。教师这时如果能够提供一些故事模板，就可以为学生故事写作提供有效的支撑，可以在很大程度上降低学生故事写作的难度。

宋老师提供的实验表明，他运用故事模板极大地提高了故事构思组织效率。无独有偶，英国写作教师皮尔·克贝特老师也曾经归纳总结了十种故事模板，为学生的故事写作学习提供框架并取得了良好的效果。[①] 皮尔·克贝特指出，学生对这些模式了解得越多、掌握得越好，对他们的故事写作帮助就越大。兹举例如下：

（1）探险故事模板：该模板基本框架就是某人从 A 地出发去 B 地，途中出现了一些事故。运用该模型要考虑：谁在途中？要去哪里？任务是什么？途中发现了什么？当主人公到达目的地的时候发生了什么？

（2）警告故事模板：这类故事经常以一个警告开头，主人公开始时许诺遵守警告，但不久就被卷入到被禁止的行动中。于是，主人公遇到了危险，需要营救。故事的结尾又回到了最初的警告。童话故事《小红帽》是个范例，生活中人们对孩子关于提防沟渠、车库、矿井之类的警告都是写这类故事适合的情境。

（3）袭击故事模板：这类故事开始多是一片祥和，随后出现了一个入侵者，然后把主人公卷入危机中。入侵者可以是怪物、野狗、瘟疫、凶恶的邻居……

（4）变形故事模板：在这个类型的故事中，主人公可能会因为某种特殊的原因变大、变小或者异变为龙、蛇、昆虫、精灵等出乎意料的动物而学到一些东西，得到某种特殊的收获或者体验。

读者诸君也不妨运用其中一二模板指导学生进行故事写作，你将会体会到故事模板的非凡魅力。当学生学习掌握了以上有效的故事写作知识并且据此写出有味道的故事之际，就是故事写作成功之时，就是故事写作在中学写作教学领域扎根、开花、结果之时。

故事写作，一定会王者归来！我们期待这一天的降临。

---

① 杨桂青.英美精彩课堂［M］.北京：教育科学出版社，2005：193-197.

第九章　个人叙事：如何让"规矩"与"才情"共生？

执教教师简介

　　王伟华，上海市卢湾中学语文教研组长，中学高级教师，区语文学科骨干教师。近年来致力于写作教学研究，指导或组织参与各类作文竞赛，多次获高等级奖项，有多篇相关论文发表。

评课要点概述

本课例聚焦"冲突设置"开展叙事写作指导。首先，用简洁的表述向学生介绍叙述框架，然后，以"障碍"为核心内容指导学生叙事各类"冲突"。而以往写作教学中，将"真情实感"与"观察生活"作为叙事教学的重点，究竟是否合宜是需要反思的。

此外，本课例运用电影片段与学生篮球比赛这一真实生活场景关联，这样的写作教学方式也值得借鉴。

课例 9

王伟华：个人叙事写作

初中记叙文写作教学目标之一就是让学生学会叙事，但是，学生的叙事始终停留在概述的层面，经常只会三言两语叙说一个简单事件，既不能充分展开情节，也谈不上生动有趣，很难给读者留下深刻印象。

以下这段文字在学生习作中很有代表性：

> 班级篮球赛即将来临，我们班虽然篮球高手不多，可是对篮球赛的热情却不低。自打入学以来，我们男生因为一起打篮球而结下越来越深厚的友谊。可是比赛终归看实力，当我们发现水平不如其他班的时候，我们暗下决心，一定要把篮球打好。于是，中午和放学后班级同学经常聚在一起练习，有的练习运球，有的练习投篮，有的练习防守……功夫不负有心人，我们班在之后的篮球赛中超常发挥获得了冠军，这与我们的团结和刻苦是密不可分的。

叙事空泛，情节简单，这是初中生记叙文写作的老大难问题。许多老师为解决这一问题，或引导学生模仿佳作，或要求学生注意观察，或开展一系列活动试图激发学生的写作兴趣。但是，这些办法往往用力甚多，收效却微乎其微。纵观整个初中阶段，语文教师花费数年的时间来教记叙文写作，但效果却每每不尽如人意，一定是我们的写作教学出了问题。那么，问题究竟出在哪里呢？

前不久对八年级学生所进行的一次写作指导，让我对这一问题有了新的认识。

一、缘起

在一次课外活动中，我组织学生集体观看了一部电影《神秘岛》。看完电影后，我让学生互相交流感受，结果我惊奇地发现：叙事笼统简单、情节不能展开的问题在学生的口头表达中同样存在。请看：

师：哪位同学能帮我们复述一下刚才观赏的内容？

生：男主人公（肖恩）破译了爷爷在神秘岛发来的电码，准备去神秘岛。

生：肖恩被追捕，继父帮他摆脱警察的追究。翻译神秘电码成功后，父子二人准备出发远赴神秘岛。

生：肖恩在继父的帮助下摆脱警察追捕，回家后破译电码准备远赴神秘岛探险。

师：还有吗？

生：……

同书面写作类似，学生在口头复述方面所表现出的特点很突出：有的学生复述中缺少故事要素，如时间、地点和事件的经过等；也有的只是一个简单的概括，把复述和概括混为一谈。

这次对电影情节的复述让我想起了如上文所述的学生习作。面对这样的情况究竟应该怎么办？

这一次，我没有采用以往的办法，不再越俎代庖替学生准备一个更完整、更生动的"作品"让学生模仿。

我希望好好研究学生出现这一叙事毛病的症结所在。开始我把问题的症结归结为学生观察不仔细，但是，在跟一些同学交流时却发现他们对于电影中的细节和篮球比赛中的一些细节印象深刻。当我问学生为什么不把这些内容写入作文中时，学生非常惊讶：这些都要写进去啊？那得写多少呀？是不是我想到的都要写进作文中呢？

我意识到，学生其实不知道写记叙文究竟应该写什么，也不知道记叙文该怎么写，于是只好选择自己认为最重要的写。

经过和工作室的导师、同伴交流，我认识到：叙述一个事件固然有许多注意事项，但是，最关键的知识内容其实并不多。有些知识学生在阅读中、在日常生活中就可以通过习得方式自然获得，例如"时间、地点、人物"等记叙基本要素，这些知识其实都不必成为记叙文写作指导的关键知识。那么关键知识究竟是什么呢？例如，对于虚构故事而言，能够影响一个故事质量的要素，其实就是一个——"冲突"，而这恰恰是一直以来为老师和同学所忽略了的。因为"冲突"，才能推动事件的发展与变化，引发读者的关注与兴趣；还是因为冲突，才能显现出人物的性格与心理。而冲突的构成也非常简单：一个"愿望"遭遇了"障碍"就构成了基本的冲突。如果读者和观众们看不到主人公遇到困难，进而克服困难实现"愿望"，故事就失去了戏剧性，也就失去了应有的活力。

至此，我似乎找到了以往记叙文教学的症结：要么不通过知识指导学生合理叙事，只让学生通过活动通过模仿范文盲目地叙事；要么没有教给学生实用的知识，让学生在低层次上简单地叙事。

二、矫治

明确了问题的症结，于是我便在课堂上加以实践检验。

首先，巧妙教学生理解"愿望＋障碍＝冲突"的知识。

我依然以电影《神秘岛》为例，继续让学生复述故事。我把当初简单地让学生复述内容改为让学生填空的形式，有意识地为学生提供提示信息。

（师生重新温习影片前 10 分钟片段）

师：请大家根据屏幕上的几个填空题叙述电影情节，思考：同我们上次的复述有什么区别？

（1）为了_____目的，肖恩采取_____行为，结果_____

（2）肖恩遇到了_____困难，肖恩采取了_____行为，结果_____

生：为了破译电码，肖恩骑摩托车闯入卫星发射站（人物的行为），被警察追捕，多亏继父解围，免于被居民起诉。

生：拿到增强的电码后，为了证实是喜爱探险的爷爷发来的信号，肖恩冥思苦想，绞尽脑汁破译电码（人物的行为），得到一直排斥的继父的帮助。继父依据服役海军的经验，帮助肖恩进行翻译，证实了来自神秘岛的爷爷的求救信号的召唤和神秘岛的存在。

生：在即将到达神秘岛之际，一行四人遭遇五级飓风，意见产生分歧，肖恩坚持要直升机飞入飓风之眼方能到达神秘岛。直升机被电流击中毁坏殆尽，四人落入飓风眼。醒来之后，肖恩发现已经抵达神秘岛。

师：大家对电影看得够仔细，正确率非常高啊。那么，现在大家看看，这与我们以前的复述有什么明显不一样的地方吗？

生：更详细了。

生：好像在特意强调横线上的内容，是原来的复述忽略了的。好像几段填空都是要我们填写什么目的、愿望、困难、障碍一类的内容。

师：对，复述故事和我们的故事写作一样，真正有活力吸引人的故事一般都要叙述主人公在实现愿望的过程中遇到的困难与障碍，那些感人的情节，就是在他们为了实现愿望、克服障碍和困难的过程中表现出来的，我们的复述和写作要突出这些内容才能打动读者和观众。愿望和障碍合起来就是冲突。写故事就是要写出冲突，这样才会吸引人。同学们明白了吗？（板书：愿望＋障碍＝冲突）

下面我们一起修改上次有关篮球比赛的作文，看看怎样设置一些障碍，增加一些冲突使得这个故事更生动、更吸引人。

（学生组内讨论，然后交流发言。）

生：中午练篮球的时间，老师要来讲解作业，两者冲突了，我们很矛盾，不过最终找到两全其美的办法，既不耽误学习，又能练习篮球。

生：比赛前几天，主力受伤了，这对本来就实力不够的集体来说困难加大，前途渺茫。有队员灰心了，找来老师为队员们鼓舞士气，大家重新团结在一起。

生：篮球赛那天啦啦队被老师抽去做别的事情，队员们有些泄气，差点影响比赛结果。

生：比赛当天，对手出现预料之外的队员或战术，我方队员想方设法适应和改变战术，最终取得胜利。

生：比赛遇到裁判不公平，偏袒对方，队员不冷静了，队长平稳队员情绪，继续比赛，最终获胜。

……

三、反思

正如王荣生教授所说，在教学中长期存在、大规模出现的问题一定是课程与教学设计上的问题。学生多年来写不好记叙文也一定是记叙文教学中存在不足。

原因何在？我以为可能有两个主要原因：一是学生缺少合理叙述一个事件的有效知识，多年来，我们不断地"叫"学生叙事，却几乎没有"教"学生叙事；第二，学生缺少特别管用的叙事知识，有时语文教师也在"教"学生叙事，但所教的都是一些不起作用的"死知识"，例如，记叙文要有"时间、地点、人物、事件"等基本要素，这些知识对于学生的记叙文写作不能说没有作用，但似乎作用有限。

所以，合宜的记叙文写作教学一定要确定关键的记叙文知识。这类知识不宜多，但必须是记叙文写作的支柱。通过大家的学习研讨，最后确定了"设置愿望与障碍构成冲突"这一知识作为叙事教学的核心知识。当然，这一知识主要是针对虚构类叙事的，对于纪实类的真实叙事应该如何吸收借鉴，还需要进一步研究实验。

当核心知识确定之后，需要研究如何在课堂上呈现这些知识。考虑到八年级学生一下子接触"愿望＋障碍＝冲突"有难度，我设置了一个坡度，起初先引入"目的"、"行为"的通俗表述，然后再使用"愿望"、"障碍"的概念，而不是介绍两个概念的定义，希望一个数学公式的表述，可帮助学生形象理解"冲突"这个概念以及"冲突设置"的作用。

通过这次"冲突设置"的训练，这个班级大部分同学能初步了解"冲突"是好故事情节展开的关键因素，能比较简单地理解"愿望＋障碍＝冲突"，去有意设置障碍，然后能把故事复述或写得更具体，情节更丰富一点。

以"冲突设置"为支架的故事叙事只是在写作教学中的一次尝试，当然，这次尝试也有一些遗憾，比如"复述"和"叙事"在口语表达和书面表达之间没有进行明确区分；又比如学生可能陷入"愿望—障碍—行动（克服障碍）—产生新的愿望—障碍……"的循环中无节制地联想和展开，而使命题作文的叙述从本来的无事可写变为收不住手。这些都是后续需要解决的问题了。

品评：
叙事写作与叙述框架

经过学情分析后，王伟华老师发现学生记叙文写作中面临的普遍问题就是叙事过于简单，总是在叙述一个事件时把事件本身简单化为概述事件的框架。

如何解决这一问题？开发明确的有针对性的写作关键知识是写作教学有效性的前提保证。只有这样，学生才能从朦朦胧胧的"语感状态"上升到明明白白的"语识"状态。开发叙事写作知识需要对几个由来已久的写作观做一番审议。

一、"真情实感"辨析

我国传统写作一直主张"修辞立其诚"，"辞达而已矣"。

根据这一理念，我国写作课程始终重视真情实感，因此，一直到2011年版的语文课标，"写作要有真情实感"依然被列为初中阶段写作目标的第一条。

我们认为，强调真情实感确实有其必要性与合理性。但是，在长期教学实践中，许多语文教师对于"真情实感"的理解却逐渐出现了偏差。在理解上的偏差大致有这样一个演进的过程：起初把对写作态度上的"真诚"要求等同于要求在写作材料方面"写真实"，然后，再进一步窄化为"写真实的事"；接着，在日常写作教学中，就渐渐把写作需要"真情实感"演变为需要写"真人真事"，从而将"虚构"排斥在教学内容之外；最终，这一倾向通过大型考试中的明确规定"必须写亲身经历的事"而得到进一步强化。①

---

① 宫艳芬.质疑中考作文要求［J］.中学语文教学，2005（7）.

那么，将"真情实感"作为写作课程的重要目标究竟是否合理呢？对此有学者这样分析："真情实感"有其合理成分，但仅仅依靠真情实感并不能保证高质量的写作教学；而过分强调真情实感，可能把写作教学引向褊狭的路子。因为整体性、体悟性、意向性的感性思维方式和分析性、逻辑性的理性思维方式是人类重要的两种思维方式，写作作为一种思维外化活动，应该综合运用这两种思维方式。

但是我国中小学写作教学却大肆张扬真情实感，似乎有了真情实感就可以解决写作教学中的一切问题，这种过分偏向感性思维方式，严重忽视理性思维方式的写作教学，导致学生主观抒情有余，理性表达不足，擅长文学化散文化的写作，拙于理性思考和研究性写作，缺乏应对现代生活的全面写作能力。[①]

由于叙事写作最终演变为对于"真实的人和事"的叙述，于是，写作教学开始排斥虚构写作，这是有问题的。

我们理想中的叙事写作应该分为两个维度。

一个维度是个人叙事写作，这类写作当以真实的事件与体验为基础。

另一个维度是纯粹的创意类虚构写作，这类似于文学创作，评价这类习作的标准不是是否属于"真人真事"，而是叙述是否"合情合理"。

二、"观察生活"辨析

我国写作课程还有一个重要的前提观念，即"反映生活"，于是"生活是写作的源泉"成为我国写作教学的指导思想。"观察生活"因此顺理成章地成为写作教学的基本目标之一，写作教学往往突出了对现实的感受与描绘，而忽略了对现实的交际与应对。

这样，我国写作教学目标与内容之间就基本形成一种"链式"的推演特征：写作必须基于"真情实感"，而写出"真情实感"必须写好"真人真事"；写好"真人真事"就必须进行认真细致的观察，因此，"多角度地观

---

① 魏小娜.认知写作：开发作文教学内容的新尝试［J］.语文建设，2010（3）.

察生活"就成为实现"真情实感"这一目标的重要内容甚至唯一内容。

在"观察"成为"真情实感"这一目标的支撑性内容的同时，"观察"本身的重要性又使其成为写作课程的第二目标，依据"观察"又衍生出一系列写作教学内容，如"抓特征、有感受"、"多角度、写细节"等。在此目标之下，写作教学加强与生活联系的"生活化作文"也理所当然成为写作教学的重要内容。

于是，我国写作教学内容便呈现如下特点：既然需要"观察生活、反映生活"，则体验生活、描绘生活就成为写作教学的主要内容，由于"描绘生活"这一诉求在文体上侧重抒情、描写类文章，因此，我国的写作教学在总体上就会顺理成章地倾向于要求学生所写文章具有生动形象、富有表现力等特征。

我们认为：观察生活显然是学生的一项基本能力，但未必是写作学习的核心能力。显然，任何学科都需要观察。做化学实验、物理实验离不开观察，学习生物、地理也离不开观察，美术写生更离不开观察。那么，观察显然就不是写作学习的最独特的要素。换句话说，单单培养学生的观察能力未必就能够充分提高学生的写作能力，当然更不必说提升叙事能力了。

况且，同样是观察能力，也有日常观察、科学观察和审美性观察之分，写作教学需要培养的是哪一种观察能力呢？这些问题如果我们不认真加以甄别，写作教学的有效性恐怕是要大打折扣的。

因此，我们说，"观察生活"不宜作为叙事写作教学的核心内容。

请看管建刚老师的一个叙事写作案例：

寻找故事的曲折点 ①

（1）欣赏。

师：姚舜琦的《给收音机做手术》，我很欣赏。有请姚舜琦上台。

师：请你点击鼠标。姚舜琦点出一句，大家读一句。

---

① 管建刚.作文，寻找故事的"曲折点"［J］.小学语文教学·人物，2011（4）.

- 想有一台收音机，妈妈答应了。
- 货到了，却是散装的零件，要自己安装。
- 不难，我按着说明书装。
- 电路怎么也焊不上。
- 爸爸来帮忙了，安装成功。

（师在黑板上，画出"曲折图"）

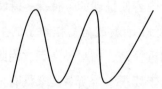

师：姚舜琦的作文，抓住了"曲折点"，作文充满了曲折感。曲折感是吸引读者的一大法宝。有请金豪同学，他的《捉蟋蟀》也充满了曲折感。（金豪点击鼠标，大家读句子）

- 听到蟋蟀的叫声，我暗中惊喜。
- 刚到眼前，叫声又断了。
- 蟋蟀又叫了。
- 等我张开手一看，什么也没有，只有几根杂草。
- 原来它逃到我的脖子上。
- 怎么也抓不着。
- 我想出一个好办法，终于抓住了蟋蟀。

（师在黑板上，边听边画出与上图类似的"曲折图"）

师：做人要"直"，作文要"曲"。你在写作之前，要琢磨故事的曲折点。（板书：作文，寻找故事的"曲折点"。生朗读）

（2）练习。

师：写第一次炒菜，你觉得会有哪些"曲折点"？

生：盐放太多了。

师：嗯，太咸了，是个曲折，怎么办？

生：我就放水，可是又太淡了。（众笑）

师：太淡了，再放点盐？（众大笑）这是个曲折点。

生：还没有煮熟，以为好了，就盛起来。

生：再煮，结果煮的太烂了，也不好吃。

生：菜盛起来，才发现，有一个虫子在里面，没洗干净。

师：这些都是"曲折点"。你把"曲折点"找出来，把"曲折点"写详细，作文一定精彩。可是，我们的生活不是电视剧，很多故事真的没有什么曲折的地方。有一位同学炒菜，一帆风顺，请看——

（3）转入。

切好菜——油热了，放菜入锅——炒了一会，放佐料，熟了——大家一尝，很好吃。

（众笑）

师：这么顺利，怎么办？

生：换一个曲折的故事写。

师：不，不用换。表面看，菜炒得很顺利，然而，他的内心没有波折吗？比如切菜的时候——

生：担心会不会切到自己的手。

师：油热了，菜要倒下去了——

生：担心油会不会溅到手上，脸上？

师：菜烧好了，大家要品尝了——

生：担心别人尝了，觉得不好吃，会说太咸或者太淡什么的。

师：你看，表面看起来一帆风顺的事情，其实内心并不一帆风顺。（板书：作文，寻找内心的"曲折点"。生朗读）

师：寻找"曲折点"，不要只看外在的事情，还要从自己的内心反应去寻找。这样，你就打开了寻找曲折点的又一扇大门。

（4）比较。

师：一位同学写"第一次炒菜"，写故事的曲折，多放盐，再加水，水多了，淡了，再放盐。另外一位同学主要写内心的"曲折"，表决一下，你更喜欢哪一类型？（绝大多数学生喜欢第二类）

生：我喜欢内心感受的"曲折"，我觉得能够找到"内心的曲折"很不简单，而且，内心的话，会更加打动人。

师：老实说，我也更喜欢第二类。因为，事件本身很曲折的，并不很多，内心感受的曲折，却是经常发生的。你一旦有了寻找"内心的曲折"的本领，那么，小小的、简单的事儿，都能够成为你笔下的好素材。

记住，写作文前，寻找"曲折点"，那就叫"构思"。

这一叙事类写作教学的基本目标是"增加叙事文章的曲折感"。

依据这一目标，管建刚老师分解出了两大内容："事件的曲折点"和"内心感受的曲折"。对于有趣的事件，不妨设法"寻找事件的曲折点"；事件本身没有过多的"曲折"时，管老师又给学生介绍了另一种"曲折"——内心感受的曲折。这两个知识简单、明确、管用，学生易于理解，便于操作，短短一节课，学生就可以理解、内化并且运用得相当熟练。

需要指出两点：其一，上述课程内容的开发可能来自教师对"叙事理论"的通俗化运用，但"事件的曲折"和"内心的曲折"这两点微型课程知识又显然是从学生的习作中提取的。从相关学科知识和学生的写作实际的结合点上提炼微型课程内容，这是内容开发的重要路径。其二，教师在教学中始终是将两点课程内容融入于学生的写作实践活动之中的。在活动中教授课程内容知识，在运用课程内容知识中完成写作活动，这是微型化写作课程实施的一大特点。

需要明确的是，以上叙事写作主要指的是"真实叙事"，如果是虚构类叙事，则教师侧重教给学生的课程内容就应该是如何巧妙合理地"创造事件的曲折点"或者"人物内心感受的曲折点"。

王伟华老师以"冲突设置"作为叙事写作的基本教学内容，这一课例与管建刚老师"增加叙事文章的曲折感"课例可以结合在一起，可以为叙事写作教学提供最重要的教学知识。

第十章　跨界写作：有何必要？如何操作？

执教教师简介

邓玉琳，广东深圳南山实验教育集团教师，致力于学生小论文写作教学研究。2013 年被上海师范大学教育学院名师课堂——小学生"小论文写作"实践探索课程聘为授课专家，慕课《小学生做研究写论文》被中国 K12 网等多家网络平台录用。多篇论文在《中学语文教学》、《语文教学通讯》等核心期刊发表。

评课要点概述

本课例属于"边缘写作"教学课例。

科学童话是科学研究与文学创作的交汇。物理学用"耦合"这一术语来表征两种体系之间通过互相作用而彼此影响以至联合起来的现象,"科学童话"写作实验便具有"耦合"的若干基本特征:两种不同的文体互相作用,彼此影响,最终组合成一个特殊的文体。没有小论文写作提供有价值的问题及准确的科学知识,科学童话写作就成为无源之水,就失去其科学色彩而成为一般性的童话写作;而如果没有对童话这一常见文体进行科学化处理,落实"有创意的表达",这一写作课程取向就失去了一种有效的路径。

课例 10
邓玉琳：科学童话写作

八年前，一次偶然的阅读开启了我的科学童话写作教学实验。

这一实验源于一篇文章——《一篇最让我感兴趣的论文》。该文作者说：在美国，教师相信孩子具有同成人一样的独立研究能力。因此，美国教育的一大特点就是为孩子独立研究、独立动手能力的发展提供所需的时间和空间。作者以自己的儿子如何写作一篇关于蓝鲸的研究报告为例。这个八岁的小孩，到图书馆借了很多书回来读（当然很多是图画书），然后，他开始写作关于蓝鲸的报告，他的整个论文由三页构成：第一页是封面，标题就是"蓝鲸"，他自己还为封面画了一幅画；第二页是正文，分为四个段落——第一段是概要介绍，第二段写蓝鲸吃什么，第三段写蓝鲸怎么吃，第四段介绍蓝鲸的非凡之处；第三页是参考文献。

作者最后由衷地感叹道：这是我一生中所看到的最简短的论文，当然这也是一篇最让我感兴趣的论文。重点不是儿子在此次研究中学到了什么有关蓝鲸的知识。我更感兴趣的是从这次研究的经历中，孩子获得了什么，学到了什么。孩子从一开始就摆开了一副正经八百做课题研究的架势。收集资料，阅读，找观点，组织文章……一步不差，一丝不苟。从决定题目，到从那十几本书中发现对自己研究有用的资料，再到着手写文章，孩子始终处于独立工作的状态下。他必须用自己的脑子去思考，去筛选材料，去决定"研究"方向……这个收获要比知道蓝鲸有多重、多长更具价值……

这篇文章引起了我的深思。当国外中小学生在研究诸如"第二次世界大战何以爆发"之际，在追问"谁应该对这场战争负责"并引经据典阐述自己观点的时候，我们的学生在做什么？我们在写"难忘的童年"、"寒假趣事"、"铅笔盒的自述"……

为什么我们的学生不可以开展研究？我们是不是忘记了孩子们其实具有探索世界奥秘的强烈兴趣与非凡天赋？

一、文献研究小论文写作

文献研究小论文写作教学是从学生最喜欢的故事读本开始的。

在为学生朗读英国作家罗尔德·达尔的作品《詹姆斯与大仙桃》时，孩子们纷纷提问：萤火虫是昆虫吗？萤火虫能自由开"灯"关"灯"吗？……以往遇到这种情况都是老师在课后翻阅书籍、查找网络，或者咨询相关学科老师找到答案再告知学生。但是，这一次我却有一个全新的计划：是否可以让学生自己寻找答案呢？于是，我布置了当天的作业：建议大家通过查找资料的方式来解决你们提出的问题，然后把你们得到的答案写成文章告诉大家。同时，我要求学生按照"提出问题—提出假设—解答问题—参考文献"的格式撰写自己的研究论文。一周以后，学生们提交的文章令我眼界大开……

在此后的写作活动中，学生写出了许多有模有样的小论文。不妨以下面这篇论文为例：

【案例一】为什么红酒的木塞在红酒里泡久了会被腐蚀？

【问题的提出】

妈妈把一瓶2007年酿的红酒的木塞拔了出来，可是只拔出来一半，她又尝试把剩下的那半拔出来，可怎么都拔不出来。我问："为什么拔不出来？"妈妈说："木塞下面在红酒里泡久了已经朽了。"于是我产生了一个问题：为什么木塞在红酒里泡久了会朽？

【问题的猜想】

（1）是不是红酒把木塞的养分吸光了，所以木塞变脆弱了？

（2）是不是因为妈妈的开瓶器把木塞的"心脏"破坏了？

（3）是不是木塞被虫蛀掉了？

【问题的解答】

红酒瓶的塞子大多都是软木塞，软木塞家族中有天然塞、聚合塞、合成塞、填充塞、加片软木塞、起泡瓶塞、加顶塞等。其中，天然塞是软木塞中的贵族，质量最高，由一块或几块天然软木加工而成，主要用于密封储藏期较长的葡萄酒。用天然塞密封的葡萄酒储藏几十年都没有问题，甚至还有密封百年以上的纪录。

普通红酒通常不会用这样高级的木塞，而较多使用聚合塞。聚合塞是用软木颗粒和粘合剂粘合而成的软木塞。聚合塞的价格当然要比天然塞便宜，质量也不可和天然塞相比，长期与酒接触后，会影响酒质或发生渗漏现象，所以多适用于短期内消费的葡萄酒。

我家买的这瓶红酒显然不是多年储藏的红酒，我仔细观察红酒瓶上的生产日期，不过是 2007 年的。但是对于普通的聚合塞来说，在酒中浸泡了将近八年已经算是"长期服役"了，所以酒塞变脆弱也就不奇怪了。

【参考书目】贾志纲：《世界葡萄酒传奇》，人民邮电出版社，P152、P157、P154、P155。

二、实验研究小论文写作

随着学生读的书越来越多，提出的问题也越来越多——小问题套大问题、大问题套连环问题，有时候有些问题已经无法通过查阅资料寻找答案了，于是，我又开始指导学生通过设计小实验来寻找答案。

例如，有一个学生提出了一个有意思的问题：

【案例二】鸡为什么不会游泳？

鸡为什么不会游泳？查了很多资料都说鸡之所以不会游泳是因为鸡的爪子同鸭和鹅的不一样，鹅与鸭的爪子是连起来的，中间有一个蹼。

但一位学生对这个结论有怀疑。他的家长对孩子的研究很支持，专门为他的实验买了一只鸡。然后他和妈妈一起到了池塘边上做起了实验。由于怕把鸡淹死，他们特地在鸡腿上绑了一根绳，然后把鸡扔到水里。

经过观察，学生发现，开始的时候鸡在水中会扑腾，会挣扎，是会游几下的，后来才慢慢沉下去了。于是他把鸡捞上来，发现鸡的羽毛已经完全打湿了——原来鸡的羽毛同鸭和鹅的羽毛不一样，鸭和鹅的羽毛是防水的，鸡的羽毛是不防水的。我们说的落汤鸡指的就是这个，它的毛全都湿了，很重很重，导致身体扛不住了，就沉下去了。

于是他写出了一篇很有说服力的实验报告小论文。

在指导学生小论文写作的过程中，我逐渐开发出一套行之有效的写作教学策略。

（1）提出问题：这是小论文写作的关键，问题提出的越多、越有趣，学生探究的愿望就越强烈。

（2）提出假设：围绕所提出的问题，运用思维导图、头脑风暴等方法从不同角度提出尽可能多的合理假设。

（3）以文献解释假设：围绕假设，查阅相关资料，使用材料需注明出处。

（4）以实验验证假设：围绕假设尝试设计实验，以实验结果来检验假设，需介绍实验过程。

三、科学童话写作

作为语文教师，我毕竟需要发展学生多方面的写作能力。因此，当一篇篇承载着严谨科学知识的小论文如雨后春笋般冒出来之后，我又开始了新的思考：能否将这些研究成果用孩子们喜闻乐见的其他方式加以呈现呢？我不断寻找着有效的办法，直到有一天我读到一篇有趣的科学童话。

【案例三】回声

小青蛙跟着妈妈游到桥洞底下，看到周围美丽的景色，高兴得叫起来："呱呱呱，多好看啊！"这时，不知哪儿有一只小青蛙也叫起来："呱呱呱，多好看啊！"小青蛙问："你是谁？你在哪儿？"那只看不见的小青蛙也在问："你是谁？你在哪儿？"小青蛙奇怪极了，他问妈妈："桥洞里藏着一只小青蛙吧？他在学我说话哩。"

妈妈笑着说："孩子，跟我来！"青蛙妈妈带着小青蛙跳到岸上。她捡起一颗石子，扔进河里，河水激起一圈圈波纹。波纹碰到河岸，又一圈圈地荡回来。青蛙妈妈说："孩子，你的叫声就像这水的波纹，碰到河岸又荡回来。你在桥洞里叫，声音的波纹碰到桥洞的石壁，也要返回来。这样，你就听到自己的声音了。"

小青蛙高兴得一蹦老高，说："妈妈，我明白了，这就是回声吧？"妈妈笑着点点头。

我忽然意识到，还可以对学生在文献研究和实验研究中获得的科学知识做一番二度开发，将这些知识运用到创意写作之中。我知道，学生们都喜爱富有童趣的童话故事，于是，我开始尝试研究性写作与童话写作的嫁接实验。

科学童话其实就是用童话的方式介绍科学知识。如何写好科学童话？我从一些童话故事中提炼出几条写作知识：

（1）"问题"情境化：把自己提出来的问题放在一个特别的故事情境中演绎出来。

（2）"答疑"故事化：通过童话故事中的人物行为、语言巧妙地解释所提出的问题。

（3）"结论"通俗化：得出的结论要符合科学道理，也要通俗易懂，不能用过多理论术语表达。

请看以下一则科学童话。

【案例四】小鸟冬日化装舞会

天气越来越冷，小鸟们一个个都不愿出门了。

小夜莺想：这样下去可不行，大家的友谊可不能随着天气的寒冷而降温啊！于是，她精心策划了一个冬日化装舞会，邀请大家去她家做客。

渡渡鸟接到邀请信，高兴极了。可他一打开门，阵阵冷风像刀子一样扎在身上！太冷了！他的嘴也冻木了，翅膀也冻僵了。于是他连忙把嘴巴插在翅膀里。喔——他感觉嘴巴暖和多了！对啊！我为什么不把自己包起来再出去呢？这样我就不怕冷了！于是他把自己从头到脚包裹得严严实实。可这样一来，他就什么也看不见了！他只好慢慢摸索着走到小夜莺的家。

在小夜莺家里，其他小鸟也穿得严严实实，却都露出一双眼睛在外面。大伙儿看着像个粽子似的渡渡鸟，忍不住哈哈大笑起来：

"哈哈哈！难道你不知道眼睛是不怕冷的吗？"

渡渡鸟奇怪了："为什么眼睛不怕冷呢？"

"呃——"小鸟们都被问住了。

是啊，眼睛为什么不怕冷呢？

这时，博学的猫头鹰伯伯笑呵呵地走过来对大家说："我们的皮肤下面分布着丰富的血管，当外界气温比体温低时，血管就会将热量散发出去，于是我们身上的热量就减少，就会觉得寒冷。但是，眼睛的构造比较特别，构成眼球的基本成分是角膜和结膜，它们都是一些透明的组织，缺少血管，因此几乎没有散热作用，不会散热，也就不会降温。并且这层透明的组织，还像真空的玻璃瓶，能够缓解外界的寒冷传导到眼球内部。还有更奇妙的呢，我们的眼睛里有一层巩膜，它虽然有丰富的触觉和痛觉神经，却没有感知寒冷的神经，所以，眼睛一方面不容易受冷，另一方面即使很冷也不容易感知冷。"

"原来是这样啊！"大伙儿恍然大悟。

"另外，眼睛还穿着一件皮大衣呢！"猫头鹰伯伯夸张地缓缓闭上自己的眼睛！

"啊，原来是眼皮啊！""对啊，我们的眼皮就像是眼球上面的一件皮大衣，防止了热量向外散发。"猫头鹰伯伯微微笑道："千万年的生命进化，我们才有了这样神奇的眼睛，我们的身体里还有无数的奥秘哦！渡渡鸟啊，大自然赐予我们这么神奇的本领，可要充分利用哦！"

渡渡鸟笑了。

大伙儿都笑了。

八年的写作教学实验中，我从小论文写作教学入手，逐步转到科学童话的写作教学领域。在这八年历程中，学生创作了许多知识丰富、妙趣横生的科学童话故事。我虽然不敢自诩创造了一种写作教学新文体，但我确实收获了许多有益的启示。

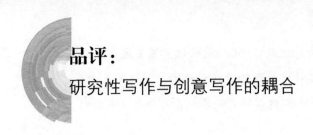

品评：
研究性写作与创意写作的耦合

2000 年教育部颁布的《九年义务教育全日制初级中学语文教学大纲（试用修订版）》规定了两大写作取向：一是培养学生"适应实际需要的现代文写作能力"，二是要求感情真实健康，鼓励有创意的表达。[①]

如何在写作教学中实现这一写作课程的重大转向？许多一线教师为此展开了一些有益的探索，邓玉琳老师更是进行了长达八年的实验研究。这一实验的最大亮点在于从"小论文写作学习"自然延伸到"科学童话写作学习"。物理学用"耦合"这一术语来表征两种体系之间通过互相作用而彼此影响以至联合起来的现象，"科学童话"写作实验便具有"耦合"的若干基本特征：两种不同的文体互相作用，彼此影响，最终组合成一个特殊的文体。没有小论文写作提供有价值的问题及准确的科学知识，科学童话写作就成为无源之水，就失去其科学色彩而成为一般性的童话写作；而如果没有对童话这一常见文体进行科学化处理，落实"有创意的表达"，这一写作课程取向就失去了一种有效的路径。

邓玉琳老师所提供的案例整合了当下中小学写作教学的两大领域——应用写作与创意写作，并且结合得相当完美。我们从中可以大致总结出有效写作教学的三大策略。

一、在真实情境中培养真实的写作能力

以往的写作教学存在着严重的弊端：与现实生活脱节，与学生当下或将来的求学、生活和工作所需严重脱节。因此，中学写作教学一向被视为屠

---

① 王荣生.语文科课程论基础［M］.北京：教育科学出版社，2014：165.

龙之术，学生在学校里所习得的那种奇特的写作能力在生活中几乎派不上用场，甚至还会产生负面效果——谁若是在生活中像中学阶段写作那样不看对象、不顾场合，一味自说自话并且不断矫情地铺排、抒情，就会被讥讽为"学生腔"，会被贴上不谙世事、能力低下的标签。

因此，研究者通过比较国内外写作课程内容之后发现：国外小学三四年级的小学生，就能够写像模像样的研究报告、小论文，而我们的大学生直到毕业也没有学会基本的论文规范，更不必说中学生了。这不是我们的学生水平低，是因为我们从来没有真正教给学生那种样式的写作。[①] 正是基于这样的认识，我国课改以来的写作课程才开始注重培养学生适应实际需要的写作能力，这一转向对于我国写作教学长期存在的一大偏向具有纠正作用。

邓玉琳老师通过让学生开展文献研究、开展实验研究，从写作学习角度看，实际上是为学生创设了一个真实的写作学习情境，这些情境有着真实的读者、真实的任务和真实的文体等要素，这些要素对于促进学生的写作学习具有重要的推进作用。

首先，学生面临的写作情境是真实的。萤火虫能否自由掌控自己的发光？红酒瓶塞何以被腐蚀？眼睛为何不怕冷？鸡为什么不会游泳？这些来自阅读过程或现实生活中自然生发出的疑问，必将引导学生去思考、探究并试图阐释自己探究思考的结果。让学生通过解答疑问的方式开展写作活动，实际上就是将学生置于一个真实的任务情境，这样的情境将会引导学生的写作学习不断深入。

其次，学生的写作读者对象是明确的。学生自己在阅读中产生问题，自己在查阅资料中解决了这些问题，因此，他在写作时就会假定一个与自己类似的读者对象，依据这样对象的特点选择写作内容与表达方式。因此，当学生通过阅读、实验逐渐了解其中奥秘的时候，也就明白了如何表述才能让同龄人准确理解。

再次，学生的写作目的也是具体明确的，那就是准确解答自己提出的问

---

① 王荣生.语文科课程论基础［M］.北京：教育科学出版社，2014：169.

题，为与自己类似的读者释疑解惑。在写作过程中，学生就会顺理成章地以自身理解过程为参照阐释有关原理。

总之，在真实具体的写作情境中，"写什么、如何写"这些长期以来困扰着广大学生的问题将会迎刃而解。真实的任务情境对于促进写作学习具有重要价值。英国课程专家 L.G. 亚历山大主张：来自现实生活的东西对于学生的语文学习是有好处的，它给学生提供了真实语言的教材。①

因此，合宜的写作教学必须为学生创设真实的或者拟真的情境，以便让学生根据具体的读者、具体的目的选择恰当的材料和表达方式。例如，班级打算春游，请你策划一个春游方案；你希望在小区开展一次为贫困地区学生募捐的义卖活动，请给社区居民写一封倡议书……

需要强调的是，在写作教学中创设情境并不是将日常生活简单地搬到写作课堂上，例如，让学生在课堂上吃西瓜、擦皮鞋——学生不会因为在课堂上吃了一次西瓜、擦了一次皮鞋就学会了写作，简单地将生活行为移植到课堂上是没有意义的。写作教学设计情境的关键是：情境中有着特定的读者对象，情境规限着写作目的及写作方式。这样的情境才是"真实"的情境——尽管有时该情境可能是"拟真"而非"真实"的。

二、在真实的写作学习过程中促进写作学习

邓玉琳老师的写作实验的意义还在于为学生提供了一个真实而完整的写作过程。学生经历这一过程，也就经历了写作学习的过程。我们且以对"萤火虫"的探究为例简要说明。

首先，研究过程是真实的。整个写作小论文的过程其实就是一个真实的研究过程，教师要求学生"提问题—查资料—撰文回答问题"。这个研究过程也是一个写作学习的过程，其目的主要是为"写作"创生写作内容，旨在解决"没啥可写"的困难，使得写作"言之有物"。

---

① ［英］L.G. 亚历山大. 语言教学法十讲［M］. 张道一，等译. 北京：科学技术文献出版社，1983：90.

其次，写作学习过程是真实的。当学生提出若干关于萤火虫的问题时，教师如果针对这些问题径直予以解答——这时，教学就只是停留在一般的科普知识教学，写作教学的因子尚未出现。而当教师要求学生查阅资料来回答自己所提出的问题时，真正的写作教学才开始出现：教师为学生创设了明确的写作任务——提出有价值、有意思的问题，在此基础上搜集有效资料为自己或他人释疑。这是一个明确写作任务、搜集写作材料的学习环节。当教师要求学生把自己探究的结果写成文章告诉同学之际，意味着写作学习已经进入到具体表述的环节，而教师随后教给学生有关研究报告的撰写要求与格式的时候，则是为学生的写作学习提供必要的知识。

当然，如果教师进一步提出更加具体的要求和指导，也许写作学习的效果会更加突出。例如，教师可以从"如何提出问题以增加文章吸引力、如何阐释问题以增加文章可信度与可读性"等方面做更加具体的指导。

总之，让学生浸润于这样一个完整且真实的写作学习过程，有助于学生依据真实的情景和有效的知识思考问题、组织材料、阐释自己的研究结论。这才是真正意义上的写作教学。

三、在真实文体写作中进行真实文体的写作学习

邓玉琳老师的实验涉及两类真实的文体——研究报告（小论文）、科学童话，教师对于这两类文体也都提出了明确的写作要求。例如，对于"研究报告"，教师要求学生按照"提出问题—提出假设—解答问题—参考文献"的结构写作，这是研究性论文的基本框架。

从写作教学的立场看，我们需要明确：为写作学习张本的"课题研究"不同于综合学习领域中的"研究性学习"。对于写作教学而言，"研究"只是达成写作学习的手段，旨在促进学生的写作学习。学生是否善于研究？研究过程是否规范？研究结果是否有价值？这些问题只是写作教学的"副产品"，学生如何习得"写研究性论文"的能力才是核心目标。换言之，对于写作教学而言，学习"研究"是手段，在研究中学习如何撰写研究论文才是目的，要达成这一目的，最有效的途径当然是直接学习撰写研究论文。

在"科学童话"这一文体上，教师在写作教学方面的指导作用也非常突出。科学童话将阐释科学知识和创作童话故事有机结合起来，既有科学类文本准确严谨的特点，又兼具童话故事生动有趣之妙处。

写作"科学童话"的关键，在于引导学生把抽象的科学知识转换为生动活泼引人入胜的童话故事。这就要求学生既要吃透科学原理，又要善于转换思维方式，化抽象为具象，化深奥为浅显。通过对案例三、四两篇习作的总结，我们可以提炼出"科学童话"写作的几大策略。

1. 主题先行

"科学童话"不同于一般的"文学童话"，它的主旨单一明确，属于典型的"概念传达"式写作。为此，要写作"科学童话"，就必须遵循"主题先行"的原则。科学童话的主旨必须是鲜明突出的，情节、人物是为了科学知识服务的。科学童话固然离不开故事情节，但目的不在于故事的生动曲折；也离不开童话"人物"，但目的不在于刻画性格。科学童话之所以需要故事与人物，目的只有一个：为了有效阐释某一个科学原理（知识）。

2. 人物类型化

科学童话以传达知识为根本目的，因此，科学童话中的"人物角色"一般要遵循以下特点。

从人物角色设置数量角度来看，一篇科学童话通常只宜设置一两个主要角色，不能因角色过多而淹没了重点。

从性格特征看，由于科学童话不是为了塑造个性鲜明的人物，而是通过塑造"人物"、"动植物"的具体形象来传达科学知识，因此，人物角色必须以"扁形人物"为主，这类人物只具备单一的性格特征并且固定不变，一般呈现出类型化，乃至漫画化的特点，不需要，甚至要避免出现性格复杂、丰满的人物形象，以免干扰对科学知识的有效阐释。

3. 结构简单化、情节线性化

科学童话中的故事情节也不同于小说、文学童话中的故事，其目的不在于设计扣人心弦的故事，而是借故事来阐释科学原理。科学童话故事最大的特点就在于简洁性，即：结构简单化，情节线性化。从结构安排上看，科学童话中的故事情节多是粗线条的直笔勾勒，力求简单明晰，情节的一波三折，不能让繁冗的情节淹没了故事所要揭示的道理。从表达方式上看，多采用简洁的叙述、描写，而少用铺陈式的抒情和议论。

为此，写作科学童话可以借鉴民间童话故事中的情节结构框架，例如，梦幻式、历险式、奇遇式、寻宝式、人（物）神对话式、变形等，这些结构类型都可以通过移植、改造融入科学童话的写作中。

总之，只有当学生不断浸润于这些"研究性论文"以及"科学童话"的阅读与写作实践活动中，他们才能够依据上述文体的基本特征进行有效的写作学习，从而最终形成写作这些真实文体的基本能力。

海德格尔曾这样追问："看"锤子与"用"锤子，哪种方式更容易把握锤子？很显然，在运用锤子的活动中更利于人们真正认识锤子。

而我们之所以主张在真实的文体写作中开展真实文体的写作学习，就是这个道理。

第十一章　切片研究：议论文写作学情如何分析？

执教教师简介

李凤，任教于上海市卢湾高级中学，中学语文高级教师，教育硕士，区语文骨干教师。致力于写作教学研究与学情研究，多篇论文发表于语文核心研究期刊，并被《人大复印资料》转载。

评课要点概述

··

　　本课例最大的亮点在于教师对偏题学情的探测。学生偏题现象屡见不鲜，但语文教师对学生"偏题"原因的分析基本上是先入为主的：大多认为症结在于学生不细心，太匆忙，或缺乏审题技巧。于是，写作指导课便不断介绍各种审题知识，不断进行审题训练，但实际效果并不好，原因很简单：没有"对症下药"。李凤老师通过访谈学生并与同行会诊后发现：偏题的主要原因其实是学生对概念的理解发生了偏差。

　　显然，如果认定病因在"态度"或"技巧"上，其教学内容就必然是要求学生端正态度或传授审题技巧；如果认为病因在"概念理解"上，则教学内容就必须转为如何"澄清"相似概念。

··

课例 11

李凤：概念澄清——应对偏题的有效策略

偏题，是写作教学的老问题。

学生考作文，最怕写偏题。教师教作文，更怕学生写偏题，每次考前辅导，教师总要千叮咛万嘱咐——宁可平淡不可偏题。审题，遂成为写作检测的第一道门槛。虽然时下各类考试作文命题者反复强调不会在审题上为难学生，虽然教师不断指导学生如何"审材料、审提示、审要求"，但每年高考作文都有相当学生因审题偏差而导致严重偏题现象。语文教师于是每每面临这样的尴尬：年年苦口婆心教审题，年年都有学生写偏题。

审题，难道真的是写作教学的一道坎吗？一进高三，进行了几次写作训练，我就必须面对这些令人担忧的现象：一旦作文材料稍微复杂一些，思辨色彩稍微浓一些，学生的偏题现象就非常严重。

一、扫描偏题

【作文一】

> 生活中处处有"未完成状态"：赛跑未到终点，大楼尚未竣工，学习没有结业……有人认为未完成状态使人疲惫、焦虑，难以接受；有人认为未完成状态使人激昂、奋进，充满期待。请以"未完成状态"为话题，自拟题目，写一篇文章。

【学生问题】

相当学生面对这一材料大谈"残缺美"，在文中列举断臂维纳斯，以作家史铁生为例证的学生比比皆是。

【作文二】

有一位哲人说:"我们的生活方式,就像一幅油画,从近处看不出所以然,要欣赏它的美,就非站远一点不可。"根据以上材料,自选角度,自拟题目,写一篇不少于800字的文章。

【学生问题】

有的学生将"从远处看"写成了"看得远"、"多角度看生活",或是"走得远",或是"以长远的目光看待人生"。也有学生从"站远一点"想到"要退后一步",据此展开大谈"退后",然后便演化成"凡事应当忍让、妥协",把"远与近"的问题变成了"进与退"的问题。

【作文三】

我们这个时代,"复制"无处不在:点击一下鼠标,可以复制一篇文稿;接受一次美容,可以复制一个偶像;建造一条流水线,可以复制一批产品;圈划一块土地,可以复制一座城市;传唱一首歌,可以复制一种情感;阅读一本书,可以复制一种思想……上述现象引发了你怎样的思考?请结合自己的体验与感悟,写一篇文章。

【学生问题】

多数学生将"复制"与"盲从"、"学习"、"借用"、"造假"等混为一谈,结果失之毫厘,差之千里,最终全文变成了对"盲从"或"造假"等社会问题的抨击。

二、诊断偏题

面对这些严重的偏题现象,我意识到:如果还是像从前那样简单教给学生若干审题的方法——要认真细心审读材料,要把握材料的关键词,要分析材料的主导倾向,等等,可能多半是无效甚至是低效的。我必须找出学生发生偏题的症结所在,然后才能对症下药。

我一遍又一遍地分析这些作文材料。材料本身难度适中,确实不存在审题障碍；从学生的认识水平来说，也具备一定的分析思考能力，为什么还会出现这么多的偏题跑题现象呢？我百思不得其解，于是决定找同学聊聊，找同行研究研究。

我花了好几天时间找同学们交流。令我大跌眼镜的是，学生的意见和我原先的估计出入很大。大家并不认为偏题是因为自己马虎、不细心，也不认为是自己匆忙下笔而造成的。学生反映：自己是经过反复斟酌最后才敲定的观点，不料还是跑题了。这审题怎么就这么难？偏题同学甚至还向我还原了他们的思考过程：由"未完成"，联想到未完成的东西是"不完满"的，于是再由"不完满"想到了"残缺"，由"残缺"想到了"残缺美"，于是就到了"维纳斯"、"史铁生"这儿了。你看，我们思考得不少啊，这些思考不是很连贯很合乎逻辑吗？为什么就偏题了呢？

于是，我们语文工作室的几位老师专门召开研讨会对学生偏题这一现象进行了分析。我们将学生的思维链条梳理出来，然后一个环节一个环节地进行切片分析，试图找出其症结所在。

学生的思维流程是这样的：未完成—不完满—残缺—残缺美—维纳斯、史铁生。粗粗一看，似乎环环相扣，并不缺少逻辑性，但为什么最后得出的"残缺也是一种美"这一结论却明显不契合材料内容呢？一定是其中某一环节出了问题才导致了学生思维的偏差。最后，我们终于发现，学生的思维在一开始就出现了偏差。学生把"未完成"径直理解为"完不成"，于是，再由"完不成"推理出"不完满"。显然，"未完成"和"完不成"是全然不同的两个概念，前者属于"过程"，后者属于"结果"，而学生混淆了这两个看似相似实则相差甚远的概念，结果导致了随后一连串的推理错误。这可真是失之毫厘，谬以千里啊。会后一问学生，果然不少学生就是这么理解的。

难道学生偏题主要是由于对材料中的核心概念理解偏差所致吗？如果真是这样，那么以前指导学生审题要认真审读材料、要抓住材料主导倾向等等可能都没有挠到痒处。于是，我们决定从"概念理解"这一视角来审视学生的偏题现象。

大家于是以高三以来的几次作文为研究对象，发现以下现象特别明显：由于学生没有概念意识，往往还没对材料中的重要概念做必要的界定和诠释，就匆匆立论，草率论证。例如把"未完成"偷换成"完不成"，把"复制"偷换成"盲从"，把"远和近"偷换成"退与进"。这不就是我们耳熟能详的"偷换概念"吗？但我们似乎在今天才第一次感受到这种逻辑悖谬所造成的严重后果。

所以，中学生议论文写作上的议论分散、中心不明、偏题跑题等，其病根很可能在于概念的混淆。因此，在一篇议论文中，概念要求具有相对的确定性，既不能把不同的概念等同起来，也不能前后用同一个语词形式来表达不同的概念。否则，就要犯混淆概念或偷换概念的错误。

三、矫治偏题

找出病因，就要对症下药了。

如何让学生避免落入偷换概念的思维陷阱？换言之，如何确保学生能够牢牢抓住概念的核心内涵？我们深知，由于学生经常在特殊情况下进行写作（如考场写作），在无法查阅文献的情况下，不可能把概念解释得非常科学，非常严密。于是，教师也几乎不教学生如何区别概念之间的差异，结果导致学生几乎没有这一意识，于是作文中就充斥着大量似是而非的概念。

经过查阅资料，我们发现"澄清概念法"——通过比较相近概念之间的差异来明确一个概念的真实内涵——是一种比较有效的把握概念本质属性的方法。例如，一旦我们在课堂上要求学生比较"未完成"和"完不成"、"复制"和"模仿"之间的差异，学生可以非常迅速地做出准确区分。一般说来，一个正确的概念的建立，总是在抛弃一个错误的概念时完成的；对一个概念的准确理解，总是在与相似概念的区别中获得的。总之，经过相近概念的差异辨析，概念所指就十分准确明晰了。

于是，我们开始了针对性的审题训练。

（教师与同学分析"作文二"问题之后的课堂实录片段）

师：我们再来看一些同学从"作文二"中提炼出的几个观点，大家分析分析，这些从材料中得出的观点是否合适呢？

（1）我们要看得远。

（2）要多角度看生活。

（3）要有长远的眼光。

（4）要忍让、妥协。

生：第一点好像偏了，材料中说的是"站得远"，而不是指"看得远"。

生：第三点也偏了，长远的眼光指的是视野，而材料中"站远一点"指的是空间距离，混淆了概念。

生：第二点说的"远"并不意味着多角度，更不能说是有一定成就，这里的站远一点，是可以说退一步，但不是"退一步海阔天空"的"退一步"，这些同学都在偷换概念，结果差之毫厘，谬以千里。

师：同学们都说得很好，以上观点对"远"的理解出了点问题，把距离的远理解成了眼光的长远，看得远。在作文中，我们同学经常犯混淆概念或偷换概念的错误，把意义上相近或相反的概念等同起来，或者用一个语词形式表达不同的概念，比如把"未完成"偷换成"完不成"，把"复制"与"效仿"等同，这些都造成偏题跑题的现象，成为同学们作文中不能承受之轻。所以，我们有必要对核心概念进行界定和诠释。因此，今天，我们学习的主题是——澄清概念。（投影）

> 澄清概念：围绕核心概念，引入与之相反（相对）、相近（相似）的概念，在比较相近、相反概念的过程中，揭示本质区别，厘清模糊认识，从而达到讲清道理的目的。

师：我们通过剖析几个例子来体会如何澄清概念。

（1）澄清"自信"的概念。

师：为了确切把握"自信"的内涵，我们可以怎么做呢？不妨找出"自信"的同义词、反义词或者是近义词。例如——

生：自强、自卑、自负。

师：接下来就要比较这些词语之间的区别。

生：自信是对自己有信心。自强是行动，是对自己的鼓励和激发。自负是高看了自己。

师：你看，这样的对比分析，既把握了自信的内涵，又打开了行文的思路。

（2）澄清"复制"的概念。

师：作文二中的"复制"概念如何澄清呢？

生：我想到了和它相关的概念，比如，"抄袭、模仿、借鉴、创新、超越"等，我在写作时要注意"复制"和这些词语之间的区别。

生：我从情感倾向来区别：抄袭是贬义词，是一种不被认可的行为；而借鉴、复制、模仿都是中性词，本身是没有情感倾向的，你可以肯定它，也可以否定它，关键是你从什么角度来诠释它。

生：我觉得还有一个区别要点，就是看"复制"的目的，如果是为了学习别人而复制，这是知不足的表现，是值得肯定的；但如果为了损人利己而复制则是要摒弃的。

生："复制"和"模仿"也不一样，"复制"是完全照搬制作出一模一样的东西，而"模仿"是照别人的样子学着做。

师：大家看，经过相近概念的差异辨析，核心概念的指向就十分准确明晰了。所以，一个正确概念的建立，总是同一个错误的概念的抛弃同时完成的。哪位同学再来说说"复制"和"创新"、"超越"的联系？

生：复制没有创造性，只能在激烈的竞争中死亡，要想搏出一条生路，只有创新与超越，才能实现突破。

生：（突然发问）老师，我是不是可以这样理解，澄清概念是不是意味着把作文都变成"关系型"作文来写？

师：这位同学的问题问得好，大家可以讨论讨论，给我一个答案。

（同学短暂愕然后开始讨论）

生：应该不一样吧，关系型作文主要讲清楚关系，什么对立统一啊，是非取舍啊。

生：不一样，关系型作文全文都要围绕两者的关系展开，而澄清概念只要把易混淆的内涵区别一下就可以了。

师：从某种程度上说，世界是一个普遍联系的统一体，孤立地谈问题容易片面化、绝对化、缺少针对性。从这个意义上说，很多题目都可以转换成关系型题目，转换成关系型就要附加概念。附加概念法之所以有效果，是因为它把核心概念放在某种关系中考察，在关系中讲清楚道理。

品评：
探测议论文写作教学的起点

写作教学的关键不在于"教什么"，也不在于"怎么教"，而在于"为什么教"。

这个话题的提出，预示着一个重大的转向：写作课程与教学逐渐从关注写作知识转而关注学生写作学习需求。

一、没有最好的知识，只有最合适的知识

写作教学必须教给学生一些知识；但这些知识不是由教师自我创生出来的，也不是从写作教科书上移植到学生头脑中的，而是在教师分析学生写作样本、了解学生实际需求的基础上确定的。江苏有位管建刚老师对此曾有形象的解说：研究学生的作文，这是写作教学最为有利的起点。教师研读学生作文，就是号脉、就是诊断。不号脉、不诊断而开处方，这种医生是要害死人的；这种作文教学，是要害死学生的。[①]号脉之后得出诊断结果，再开处方，这药才能下得准，才能药到病除。号脉之后，或者发现学生的一个精彩点，或者发现学生表达上普遍存在的一个缺陷，由此引出一个训练点。这样的训练，就是从学生的实际出发，就能够切入学生的最近发展区。

而一个著名的关于知识的"金表"隐喻可以作为我们立论的基本依据。

> 要区分金表和银表，只需要知道"黄金是黄色的"这一浅显的知识；但要区分真金手表或镀金手表，则需要了解更多的有关黄金的知识，例如关于"密度、硬度"等知识。

---

① 管建刚.我的作文教学主张［M］.福州：福建教育出版社，2010：182.

这一隐喻对于课程设计者的启示是：研究支持具体活动的相关知识至关重要，最合适的知识是与具体目标匹配的微型化知识。正如从没有完美的线路图，只有执行具体任务的有用路线图一样，在写作教学中，也没有完美的知识结构，只有对具体任务和问题有作用的知识内容。

二、合适的教学基于恰当的学情探测

合适的教学从哪里开始？李凤老师关于"偏题"的课例可作为我们分析这一问题的典型案例。

多年来，语文教师对学生频频出现"偏题"症状的预判基本上是先入为主的：大多认为症结在于学生不细心，太匆忙，或缺乏审题技巧。于是，我们的写作指导课便不断介绍各种审题知识，不断进行审题训练，但实际效果并不好，原因很简单：没有"对症下药"。

李凤老师通过访谈学生并与同行会诊后发现：偏题的主要原因其实是学生对概念的理解发生了偏差。显然，如果认定病因在"态度"或"技巧"上，其教学内容就必然是要求学生端正态度或传授审题技巧；如果认为病因在"概念理解"上，则教学内容就必须转为如何"澄清"相似概念。总之，不同的学情导致了不同的教学内容。学生在写作过程中暴露的问题以及学生的写作需求，就成为写作教学的出发点和根本目标。

写作教学中存在一个非常吊诡的现象：一方面，写作学情最容易把握；另一方面，写作教学最不关注学情。学生的写作结果是直接呈现在教师面前的，所以写作更容易让教师判断出不同学生的不同问题，同时也更需要教师根据不同的学生来选择不同的内容与方法。但是，教师对写作学情的重视程度却很低。教师对学生写作状况的理解与实际状况之间经常存在着重大偏差。教师有时高估了学生，有时又低估了学生，或者错估了学生写作的愿望、兴趣或需求。语文教师很少研究学生的写作兴趣。学生对哪些话题感兴趣？对哪些文体感兴趣？在写作中最觉棘手的问题是什么？学生经常说的"不知道怎么写"实际上是怎样一回事？学生的审题偏差主要原因何在？对于这些问题，语文教师了解得都非常不够。原因何在？

首先，是作文学情分析的技术研究不足。目前对于写作学情的分析还没有较为系统的研究，基本上处于经验层面上，还没有比较可行的分析技术。目前，了解学生的写作学情基本上还只限于批阅学生作文这一途径。但即使这几乎唯一的途径，教师的掌握程度也不容乐观。面对诸多学生作文，有经验的教师可能凭借个人的修养与经验敏锐感受到学生习作中存在的问题，但对于多数普通教师而言，只有束手无策或者被迫写几句无关痛痒的评语虚应故事。

其次，可能是作文批阅的工作量极大，教师难以胜任。许多教师视作文批阅为苦差事，称之为语文教学中的"一座大山"。有些学校作文批阅的要求过于严苛烦琐，要求对作文"精批精改"，要有"眉批、旁批、总批"，应该说，这是作文批改的取向上出现了问题。此类批改要求实际上不是为了解学生写作学情，而是为了评价学生的写作水平。

三、学情探测技术决定写作教学实效

了解写作学情需要探测技术的支撑。目前，比较成熟的学情探测技术如下：一是直接做问卷调查，二是研究分析学生作文，三是通过访谈诊断学生问题。这些方法的综合使用，可以得出比较合乎实际的结论。

问卷调查是了解学情的较为直接的方法。

让学生写什么内容一般应该尊重学生的兴趣，这是写作教学的基本原则。但是，学生究竟对哪些内容感兴趣，又对哪些内容比较无感？教师一般凭经验想当然地认为自己了解学生。例如，我在五六年前曾设计过有关"宠物"的写作活动，当时，这一活动受到了学生的欢迎。但是，2012年当我要求一批高一学生开展这一写作活动时，学生的反应却非常冷淡。于是，我做了一项小调查，就32个话题对实验班的46位学生的写作兴趣进行调查，发现学生的兴趣与教师的预估有着很大的差异。调查话题如下：

如果可以自由选择话题进行写作，在以下32个话题中，你最愿意写的 5 个话题是哪些？你最不愿意写的 5 个话题是哪些？

　　科幻、穿越、探险、宠物、盗墓、爱情、军事、体育、艺术、哲学、心理学、社会热点、明星偶像、历史人物、八卦故事、家庭伦理、科技发明、自然风光、名人轶事、中学生可以谈恋爱吗、中学生应该读一读"厚黑学"吗、山寨文化对中国的影响、宫廷争斗戏热播的原因分析、《小时代》现象分析、未来中国的走向及其对世界可能的影响、中国时局："危"与"机"的分析、中国社会现象分析、我的个人发展规划、国外见闻、伊斯兰教与基督教的文化冲突、占星术与星相学……

调查结果如下：

学生最喜欢的 5 个话题依次为：山寨文化对中国的影响、未来中国的走向及其对世界可能的影响、历史人物、中国社会现象分析、社会热点。

学生最不喜欢的 5 个话题依次为：家庭伦理、八卦故事、穿越、爱情、盗墓。

虽然这只是一次小型调查，但我还是受到强烈的震撼：当代中学生也许并不像人们所担心的那样心胸狭小、思维视野狭隘；相反，他们对于社会现实、政治现实等话题都怀有浓厚的兴趣，他们思维的疆域相当广阔，指点江山的气概也不输于以往学生。对于这些怀有强烈抱负的学子，我们的写作教学究竟应该如何进行呢？如果没有这样的调查，我们可能还会不断让学生写一些玄而又玄的所谓"人生感悟"的作文吧。学情分析使得写作教学具有更加明确的指向性。

但是，问卷调查毕竟还难以深入细致地了解学生的写作学情。教师了解学生写作学情的一个重要渠道就是批阅作文。而批阅作文的目的并不是为了给学生打分数来评判学生，更不是为了证明教师的教学工作量，而是要通过批阅学生作文了解、分析学生的长处与短处，再根据这一分析思考发扬其长处与克服其短处的基本对策。需要特别强调的是，"了解学情"的作文批阅和通常的作文批阅方式有着明显的不同。

一般来说，"了解学情"式作文批阅要注意两大方面：总体把握、微观分析。

"总体把握"式的作文批阅有三大特点：首先，不需要对每一篇作文都进行精细批阅。教师批阅的关键在于把握某次作文全班学生的主要表现及其症结。其次，不需要对每一篇作文做全面批阅。教师可以侧重一两点而忽略其余问题，可以关注阶段性重点而放过次要问题或目前难以解决的问题。再次，甚至不必每一篇必改，教师只需重点抽查一部分学生的作文把握本次作文大势，其余作文略做浏览即可。

"微观分析"式的作文批阅需要对少数典型的学生习作做深度分析，甚至应当对某一篇标本性习作进行切片分析，逐步分析这一篇习作的问题所在。在此基础上，还必须对某些学生进行深度访谈。对学生访谈因为涉及学生的思维过程，因此可以弥补静态文本分析的诸多不足，更便于把握学生写作问题的症结。

值得期待的是，我们所处的"大数据"时代可能给写作学情的诊断带来革命性的改变。有研究者断定：大数据的到来从技术层面上让学生的真实学情得到量化与显现。学生的需求与态度，经由大数据处理变得可视，倾听学生成为可能，教师有了了解学生的途径与方法，从学生的需求出发改变教学行为成为了可能。大数据还能够实现过程性评估，能够发现学生常态，改造课堂流程，实现大数据与课堂教学具体进程的结合。通过对海量数据的归类与分析，写作课程设计者可以预测"经常使用某些类型词语的学生可能存在怎样的写作问题"，更可以了解学生的学习偏好和认知倾向。例如，通过对学生的习作进行多元评估，发现有的学生习作中善于运用关联词，而有些学生在作文中则倾向于更多地使用表达情绪的词语，这一发现则有助于教师提供针对性策略，一方面帮助学生发挥自身长处，另一方面也能够促使其弥补某些能力上的不足。

一篇学生作文，究竟能够带给写作教师什么样的数据？在有些教师眼中，这篇作文也许只有非常简单的"语句通顺、中心突出"两句评语，或者只有非常简单的"良"或者78分这样的等级判定。但如果语文教师拥有足够的观察维度以及观察技术就可以得到极为丰富的数据：学生使用标点符号的特征，学生用词有哪些习惯，学生是善用长句还是喜用短句，每个段落运用多少句子，结构上特点如何，书写从什么阶段开始出现字迹潦草现象，写作跑题是一开始就跑了还是越写离题越远……这些信息远远比一个格式化的评语或简单的等级要有价值得多。不单是作文这一终端结果，在写作过程中，学生的表情、动作、思维流程以及师生互动等各个环节都存在海量数据，这些数据是探测学情的重要资源。因此，每一篇作文实际呈现出的学情都必然是不一样的，如果数据采集得足够全面，数据量足够大，我们必然能够得出不同作文的不同特性。如果还能够增加一个时间维度来考察某一学生的时间变化，则可以了解这位学生在一定时间段（例如两年）内在写作学习方面的词语、句子、段落、文风、卷面等各方面的变化，依据这些数据，再与一定常模中的学生写作学情进行比对，就可以较为准确地定位这位学生在写作方面迫切需要解决的问题。

当然，由于技术上的原因，目前还不可能对学生习作进行全面的数据搜集与分析，但是，在适当对少数样本进行采样做小规模的数据分析的同时，与教师了解学情的传统手段相结合进行三角互证研究，可能是全面准确地探测分析学情的一条可行之路。当然，借助大数据实现对写作学情的探测分析，还需要技术人员与教学研究者的通力合作。假以时日，准确充分地把握写作学情必然具有乐观的前景。

四、学情探测，促进学生的写作学习

教师不能只对写作学情做一番空泛分析后就将学情束之高阁，也不能探测到学情后依然在写作教学中把写作学情与写作教学内容割裂开来。写作课堂上所确定的教学内容必须完全建立在写作学情的基础上。当教师探测到学生在写作学习中暴露出的关键问题后，就必须为解决这一问题寻找针对性的知识予以干预或矫治。

李凤老师在探知学生偏题主要是由于概念混淆所致后，就确立了"澄清概念"的教学指导策略，这时写作教学内容就具体转化为"概念的理解与辨析"，操作性和针对性因此大为增强。事实证明，取得了较好的教学效果。

由此可见，写作教学的瓶颈在于为什么要教这些知识。而明确为什么教，恰恰是学情探测的使命所在。写作教学的实施，实际上只是在学情探测之后的一种水到渠成的行动。没有学情探测，一切行动都是盲目的，甚至是危险的。

必须明确的是，教师对学情的探测未必非常准确，有时甚至可能会有较大的偏差，因此，探测学情应该贯穿于整个写作教学过程中，应该在不断的学情探测中不断调整教学行为，如此才能使教师的教学行为始终能够贴近学生的实际状况。

第十二章　学情与对策：议论文写作教学如何"精准扶贫"？

执教教师简介

於健，上海市光明中学语文教研组长，中学高级教师，上海市黄浦区语文学科带头人。主持多项市区级语文科研课题。在语文期刊发表论文多篇。

评课要点概述

    缺乏逻辑，是中学生议论文写作的痼疾。即使是一些相对出色的所谓议论文，其实也多半是一种单层、单向度、形象化的带些"玄想"、"感受"，又带些"咏叹"的"四不像"随笔。中学生写作不会讲道理，议论文中论证逻辑贫瘠乃至混乱已成为议论文写作教学中的严重问题。

    没有逻辑支撑，议论文写作便如同罹患软骨症。没有适切的教学内容，议论文教学也很难取得理想的效果。而於健老师的"鱼骨图"教学，则为学生学会因果分析找到了有效支撑。

课例 12

於健：鱼骨图与因果分析

作为语文教师，我经常悲哀地看到：中学生从初中阶段就开始学写议论文，但直到高三依然写不好哪怕像样点的说理分析类文章。在我学生的作文中，经常可以看到类似的"议论文"：

> 韦编三绝，孔子有了"天下圣人"的美誉；池水尽黑，王羲之把书法艺术推上高峰而成为书圣；铁杵磨针，李白因此成为傲视古代诗坛的诗仙。可见，勤奋，是点石成金的魔棒，可让丑小鸭变成白天鹅；勤奋，是化腐朽为神奇的灵丹妙药，能使平庸者成为非凡的伟人……
>
> ——学生习作《说勤奋》片段

我不得不承认：现在中学生中流行的所谓议论文，已经成为一种格式化的套路，这类思维没有逻辑、全文断裂为几个拼凑片段的所谓议论文，其基本样态就如孙绍振先生所批评的那样：先写一个论点，然后铺开三个例子，再简述四个故事，接着引用五句名言，最后得出结论证明论点。这类缺乏逻辑、没有层次、没有思考的文章大行其道并被不少学生竞相模仿——这便是当前中学生议论文写作教学的最可怕之处。

学生写作缺乏有质量的思考，很大程度上不是因为学生拒绝思考，而是教师很少教给学生思考的方法。思考是一种能力，而能力的形成离不开适切的指导与训练。于是，我开始在写作教学中尝试为学生提供思考分析的策略方法，最终取得较好的效果。这里简单介绍本人运用"鱼骨图"作为学生思维的支架工具以此指导学生学习"因果分析"的课例，以求正于方家。

以上述《说勤奋》作文为例。这篇习作运用三个论据证明论点，试图通过孔子等人因为"勤奋"而成为圣人、书圣、诗仙，来证明为学要勤奋。问题是：把孔子成为圣人的原因径直归结为"勤奋"合适吗？凭借常识就可知这显然是不合适的。孔子之所以成为圣人，一定有许多原因，"韦编三绝"既不是主要原因，更不是唯一原因。因此合适的归因，至少要找到"主因"，最好还能列举其他次要原因，这样的分析才比较接近事物的本质。

学生很自然地要发问了：我们该怎样做才能既找到主要原因，又能列举其他原因呢？

我知道，这就是中学写作教学的瓶颈所在。我意识到，学生不会归因，其实主要是由于学生缺乏正确归因的有效工具。作为教师，我必须为学生的合理归因找到有效的思维工具。我从学习理论中的"思维可视化"原理中得到启发，于是借助思维导图中的"鱼骨图"指导学生学习如何合理归因。鱼骨图的原理与结构非常简单，是进行因果分析时经常采用的一种方法，其特点是简捷实用，比较直观。一般流程如图1所示：

（1）画出鱼头（结果），画出主骨。

（2）画出大骨，填写主要原因或者分析角度。

（3）画出中骨、小骨，填写原因。

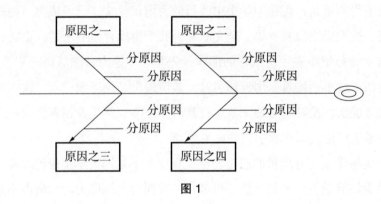

图1

鱼头，代表一个事物的最终结果。鱼的骨架躯干，代表导致某一结果的诸多原因。我告诉学生，正如一条鱼不可能只有一根刺一样，一件事物也不可能只有一个原因。因此，在分析导致一个结果的原因时，我们至少要列出2—4个原因，这样的分析才可能比较全面，才不至于褊狭。此外，我们还要在这些原因中确定起主导作用的原因，这样才不会捡了芝麻丢了西瓜。

经过介绍上述知识并据此开展一番活动后，学生开始对运用"鱼骨图"分析原因产生了浓厚的兴趣。于是，我设计了如下活动引导学生运用所学知识尝试分析现实问题：

好多同学都看过电影《人在囧途之泰囧》（以下简称《泰囧》），这部电影自 2012 年 12 月 12 日公映以来，票房一路狂飙，累计已超 10 亿。同期上映的影片虽不乏优秀之作，如《少年派》《一九四二》《王的盛宴》《血滴子》《十二生肖》等，但其票房都难以望《泰囧》之项背。这是一个奇迹，请运用鱼骨图分析《泰囧》热卖的主要原因。

学生通过讨论，最终确定了四个分析维度：档期选择、市场推介、影片制作、文化现象（见图 2）。随后，在四个维度中确定最基本的归因维度。学生认为，一部电影能够热卖，原因固然很多，但其中"影片制作"一定是最为关键的原因，必须深入分析，其他原因只需简单解说即可。在此基础上，学生进一步归纳出以下具体原因：

（1）品质佳：编剧好、明星好。徐峥、束焕和丁丁三人编剧认真；王宝强等演员表演出色，"囧囧有神"三人组合有观众缘。

（2）档期好：喜剧片符合年终贺岁档特点，加上 12 月 12 日世界末日的传说，增加了市场对喜剧片的渴望。

（3）类型明确：作为喜剧片，只求"笑"果，逗乐了观众，自然带来经济效益。

（4）精心制作宣传预告片，徐铮亲自剪辑宣传片《观影指南》。

（5）没有像《画皮》那样拍成 3D 片，观看《泰囧》从经济上来说比较划算。

（6）媒体宣传推波助澜，海量的微博发送起到了促销的作用。

（7）观众笑点低，当前观众的文化消费具有快餐化倾向，不愿看太沉重的影片。

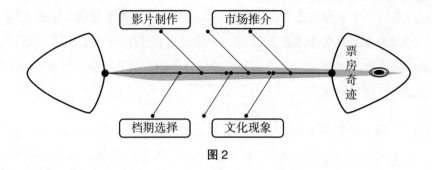

图2

实践证明，用"鱼骨图"作为思维工具来帮助学生分析问题，整理思路，效果确实不错。几堂写作指导课后，学生普遍喜欢运用鱼骨图来分析各种现象，渐渐学会了通过对原因的分析找到关键性因素，这使得学生的文章分析更加全面，说理更有条理，文章结构也更为严谨。总之，鱼骨图非常直观地帮助学生全面分析各种原因，有重点地抓住核心原因。

当然，运用鱼骨图分析原因并不是万能的，我们在后来的教学中意识到，学生在运用鱼骨图分析原因的过程中，有时会忽略或者无法考虑到一些非常重要的思考维度，这实际上是由于学生对实际事物的了解还不够深入，这时绝非提供思维工具就万事大吉了，还必须指导学生"格物致知"，对事物进行深入的调查研究。但尽管如此，鱼骨图作为一种提供思维路径的工具，已经被事实证明是非常有效的。

写作教学，必须多为学生提供类似的思维支架。

品评：
矫治议论文写作的逻辑缺位

缺乏分析与思辨的议论文，正如罹患软骨病的患者。倘欲矫治这一痼疾，可能需要教师为学生的思辨提供足够的支撑。但议论文写作教学通常因为存在以下两个问题而举步维艰。

其一，只有目标而无路径。

语文教师很少像样地教给学生一些思考的方法。在语文教师喋喋不休地告诫学生议论文写作务必注意"思考要深刻、分析要全面、论证要严谨"之时，学生的一句追问就足以使许多语文教师瞠目结舌：我究竟该怎么做才能达到思考深刻、分析全面、论证严谨呢？

确实，语文教师在写作教学中经常存在如下失误：满足于"告知目标"却漠视"路径指引"，在目标上强调得太多而在如何达到目标的策略方法上用力太少；甚至，在"指明写作方向"与"教给写作策略"之间直接画上了等号。如果语文教师在写作教学中永远只是简单地"牧童遥指杏花村"，那学生怎么能够顺利抵达那理想中的"杏花村"呢？当然，目标确实重要，但有了目标并不等于就能够抵达目标。学生从其现有的写作起点，到写作教学所企求达到的目标，其间路途迢迢、坎坷艰难不知几许！

其二，"形而下"的技术主义。

正如王栋生老师所指出的那样，一些语文教师因不满于写作教学缺少具体指导的现状而创生出一些管用的能够对付应试作文的"俗招"：写议论文最好用一句话开头，要会写一段漂亮的话（要有感情，有高度），分论点要排列整齐，例证要新鲜，要有点雄辩的样子，一般有个五六段就可以，不要搞得太碎，来几个排比句，或者几个反问句，结尾收束时不要说空话……①但是，只是提供一个框架模式并无法确保写作能力的真正形成。写作素养的高下以思维为标杆，而模式化恰恰是思想最大的敌人。试图通过一套简单的模式来教会学生写作，这条路可行吗？历史已经用"八股文"证明了：此路不通。

因此，上述於健老师的课例昭示了写作教学一条可行的路径。这一课例给我们如下启示：议论文写作教学，不需多讲静态的知识，也无需提供一堆例证、名言等材料，只需要为学生逼仄的思维提供一个"支架"就足以激活学生的思维，并调动起学生的人生经验与生活积累。这个"支架"，在於健老师的课例中就是"鱼骨图"。"鱼骨图"拓展了学生的思维、理清了学生的思路。

首先，鱼骨图以直观的图形昭示学生：正如数根鱼骨才能支撑鱼的身躯一样，导致一个结果的原因必定是多维复杂的。简单归因，是幼稚化、浅表化思维的基本表现。

其次，鱼骨图介入学生的思维活动，就可以迫使学生至少尝试从2—3个维度思考导致某一结果的各种原因。例如，学生在写作中对于某一问题的分析阐释经常是单向度的，而一旦运用了"鱼骨图"，学生在一口断定"韦编三绝"使得孔子成为圣人时，就必须思考是否还有其他原因，是否还有更加重要的原因。

再次，鱼骨图还有助于思路闭塞、思维逼仄的学生打开思路，为学生提供思维的路径。例如，当学生绞尽脑汁只总结出一个原因时，教师就可以提示学生依据"鱼骨图"的左右对称和上下对称的结构，以最初所总结的原因为参照点，列出另外同类的原因和相反的原因。

最后，也是最为可贵的一点，鱼骨图不是直接给学生提供现成的材料，而是给学生提供"创生材料"的根据。学生写作经常苦于"没啥可写"，对于这一困惑，许多语文老师的对策就是直接提供写作材料，目前随处可见的

---

① 王栋生.在理想与生存之间——谈两种写作状态［J］.语文学习，2004（2）.

"写作素材"、"轶事名言"等就是这一写作教学观的产物。很显然，教会学生善用"鱼骨图"属于"授之以渔"，而直接提供素材则属于"授之以鱼"，二者的境界自然有所不同。

语文老师在长期写作教学中已经发现，写作教学一味介绍静态的写作知识基本没有作用；企图让学生仿照范文学习写作的效果也极其有限，因为品味佳肴和制作佳肴是完全不同的路径；一味的写作活动也无助于写作能力的"增量提升"。

根据上述於健老师的实验以及我们对其他研究者若干探索的综述，我们可以得出如下结论：合宜的写作教学必须教给学生管用的"写作知识"并指导学生"运用知识"来促进写作学习。并且，我们还可以提炼出议论文写作教学的四大基本策略。

一、以"逻辑"为起点生产议论文写作知识

议论文的基本特征是什么呢？适应这一特征的写作学习需要哪些关键知识？

国外写作学者根据议论文写作本质特征提出了一条极为重要的议论文写作原则："以充分的证明与推理来支持辩论是一种道义上的责任。"以理服人，通过严密的推理判断令人信服地得出结论是议论文的立身之本，而缺少逻辑、理据缺失则是议论文致命的死穴。在国外写作研究者眼中，议论文写作之大忌就是缺乏逻辑推论。他们将那些一味以富于情感的呼吁、以激动人心的语言来谈论事物的文章称为"不合逻辑的宣传"，认为这种文章"践踏了通过合乎逻辑思考作决定的社会原则，鼓励人们感情用事，使得人们易受迷信、偏见和非理性的影响"。[1]

为此，我国议论文写作课程也必须立足于"逻辑"，生产必要的写作课程知识。

---

[1]［美］威廉·W·韦斯特.提高写作技能［M］.章熊，章学谆，译.福州：福建教育出版社，1984：356.

二、借鉴国外议论文写作课程内容

我国议论文写作课程内容非常贫瘠，以往只有"论点、论据、论证"这些比较浮泛并且还不尽完善的写作知识。而国外议论文写作课程内容则准确具体得多，足可作为我国写作课程的借鉴。例如，在美国初、高中写作课程标准中，都要求学生"写作一篇有说服力的文章"，并列出一系列与逻辑推断有关的具体标准：（1）发展一个可控制的思路，使之能得出清晰的、有知识性的判断；（2）有效地、令人信服地安排细节、原因、例子和轶事；（3）预料并提出读者所关心之事及相反的观点；（4）用诸如定义、描述、阐释、事例等一系列写作技巧来阐述和说服。[①]

三、吸纳学界议论文写作研究成果作为课程内容

如何才能使得议论文写作中的推理判断合乎逻辑呢？目前我国一些研究者的研究成果需要纳入写作课程之中，例如，王荣生教授所提炼的有效议论文写作知识就有：例证的多样化、对特例加以概括的归纳推理规则、依据一般论断推出特殊论断的演绎规则。[②]这些写作知识都是目前议论文写作教学中所缺乏的，亟须引入我国议论文写作课程内容体系中。

四、生产具有针对性的议论文写作知识

不同的知识具有不同的适应对象。从来没有放之四海而皆准的万金油知识。因此，不同类型的议论文写作则需要不同的知识来支撑。那么，议论文有哪些基本类型呢？根据学者的研究，大致可分为以下四类：（1）阐释类议论文：观点＋有关阐释解说；（2）建议类议论文：有关分析＋可行性建议；（3）证明类议论文：假设＋研究＋验证；（4）论辩类议论文：表明立场＋捍

---

① 美国国家教育和经济中心，匹兹堡大学.美国高中学科能力表现标准［M］.上海市教育科学研究所，译.北京：人民教育出版社，2004：27.

② 王荣生，宋冬生.语文学科知识与教学能力［M］.北京：高等教育出版社，2011：229-231.

卫立场＋驳斥敌论。①

我国中学生所写的议论文大多是"阐释类"，偶有"论辩类"，鲜见"建议类"和"证明类"议论文。而较为常见的阐释类议论文，也由于学生过于注重说理的形象化、具体化，并且由于缺少严密逻辑性而越来越远离议论文。

对于阐释类议论文，运用资料思考与表达是阐释的基本特点，因此，学习写作这类文章就需要教会学生对资料进行提炼、分析、联系、比较、综合等的方法。对于建议类议论文的写作学习，关键性知识是学会因果分析的方法，因为"可行性建议"总是基于"分析"而提出的。对于证明类议论文则需要借助"研究性学习"的有关知识作为核心知识。对于论辩类议论文写作，应该教给学生如何运用逻辑和事实寻求真理，以便合乎逻辑地说明真理或指明某一观点的虚伪错误而使读者信服。

总之，上述每一个方面，都需要写作教学研究者通过实验研究最终确定像"鱼骨图"这样具体而有效的写作知识，还需要语文教师指导学生在实际写作中有效运用这些知识。只有这样，学生所写的议论文才能成为真正的说理清晰且有一定说服力的好文章。

但是，目前我国议论文写作教学依然非常缺少这些写作知识。不断开发这些可以促进学生写作学习的知识，将是写作教学研究者和一线教师迫在眉睫的一项任务。

---

① 叶黎明. 语文科写作内容研究［D］. 上海师范大学，2007.

第十三章　思维支架：思辨能力培育需要怎样的核心知识？

执教教师简介

李新，任教于上海市复旦大学附属中学青浦分校，中学高级教师，黄浦区语文学科带头人。曾参与上海市新课改高中语文教材的编纂。

笔耕不辍，著作颇丰，有近千篇诗作及文章发表于各类报刊，多篇教学论文发表于语文教学期刊，出版专著三部。曾获上海市民诗歌创作大赛一等奖，荣获 2014 年上海市民文化节"百名市民作家"称号。

评课要点概述

....

　　议论文的"逻辑性"与"辩证性"正逐渐成为热词。现阶段，议论文写作教学事实上还处于非常初级的阶段。如何提升学生议论文写作的"思辨水平"？为了有效促进学生的"思辨"，教师应该确定什么样的教学内容？学生在"思辨"过程中经常面临怎样的困难？出现怎样的错误？教师又应该如何在学生思辨过程中提供必要的指导与帮助？这些问题一线语文教师注定无法回避。

　　李新老师所提炼的议论文教学"五问法"，既是一种教学的框架，也是议论文学习思考的轨道与支架。李老师提供的这一课例，可在一定程度上回应上述问题。

....

课例 13

李新：如何有层次地展开思辨？

近年来，议论文写作教学的"思辨性"日益得到重视，议论文的"逻辑性"与"辩证性"正逐渐成为热词，这确实是非常可喜的现象。

但是，议论文写作教学事实上还处于非常初级的阶段，我们目前可能还无法较好地回答以下问题：如何提升学生议论文写作的"思辨水平"？

我一直在思考：议论文写作教学，如何使学生的思考不断走向深入？如何使学生的思辨合乎逻辑并且有层次地展开？换言之，如何才能帮助学生有层次地推进思辨？

考虑到"追问"是促进思维走向深入的最好方式，而"对立统一"则是辩证思维的关键之处，于是，我设计了"五问法"这一思维框架帮助学生进行议论文写作。

一、导入

师：20 世纪 60 年代中期，中国正处于"文革"。这是一个荒唐的时代，出现了许多荒唐的事情。有一首歌也很荒唐——《文化大革命就是好》，这首歌怎么唱呢？

（师唱）无产阶级文化大革命，嘿，就是好！就是好呀，就是好！就是——好！

（生大笑）

师：大家别笑。其实，我们许多同学所写的作文和这首歌也差不多。很多同学的议论说理作文，通篇就是直接下判断，没有分析，没有讨论，完全没有商量的余地，很武断，很绝对。即便有一点分析，也往往混乱不堪。

怎样能够比较像样地分析问题呢？怎么才能使我们在思考问题的时候有

层次、合乎逻辑地展开分析呢？这是我们今天要学习的内容。

二、提炼框架

我想从一个古老的故事切入今天写作学习的话题。（PPT打出"塞翁失马"的故事）

> 近塞上之人有善术者，马无故亡而入胡。人皆吊之，其父曰："此何遽不为福乎？"居数月，其马将胡骏马而归。人皆贺之，其父曰："此何遽不能为祸乎？"家富良马，其子好骑，堕而折其髀。

师：这个故事大家一定听过吧？

生：塞翁失马。

师：好。这个故事中有两个对立的概念，请问是什么？

生：祸与福。

师：请说具体点。祸是什么？福又是什么？

生："马无故亡而入胡"是祸；后来，"其马将胡骏马而归"是福；再后来，"其子好骑，堕而折其髀"又成了祸了。

师：这个故事印证了老子的一句话——

生："祸兮福之所倚，福兮祸之所伏。"

师：老子认为祸、福之间是可以互相转化的。那么，祸、福之间的转化需要什么条件呢？

（学生陷入思索中）

师：同学们想一想，二元对立的两个事物，如果一方能够转化到另一方去，它必须含有对方的因子，如果没有这个因子，是不可能实现转化的，对不对？那么，我们看，一开始的祸中，含有福的什么因子？

（学生一时回答不出）

师：这个塞翁是很厉害啊，大家都认为跑掉一匹马是件不幸的事情，他却认为这其实也可能是好事。我们一起结合后文内容来分析一下吧。请问：后来的什么事实证明了他的判断？

生：丢失的马跑回来了，并且还带了其他的骏马回来。

师：塞翁这么自信，一定是因为他深知"失马"这件事包含了"得马"的因子，对吗？现在我们一起来分析有哪些"得马"因子。

生："近塞上"。

师：愿闻其详。

生：因为"近塞上"，塞外多骏马，所以才有可能带回骏马。

师：还有呢？

生：马的习性。

师：马的习性是什么？

生：老马识途；还有马有合群的习性。

师：也就是它的"马缘"很好，胡马喜欢和它在一起，而且跟着它一起回来，看看它家是什么样子。如果是一匹母马，也许魅力就更大了。（众笑）

这就是塞翁坚信因祸得福的原因。那么，由福向祸转化是不是也有原因呢？

生：原因有两个：一是"家富良马"，二是"其子好骑"。这就埋下了"祸"的隐患，后来终于导致儿子因为骑马"堕而折其髀"这一后果。

师：回答得很好。如果把"塞翁"思考问题的路径梳理一下，我们会发现什么？

生：塞翁思考问题和一般人不一样。一般人都认为"失马"不好，但塞翁却问了一句："失马"真的不好吗？一般人都认为"得马"是件大好事，塞翁又反问道："得马"真的好吗？

师：我们能否从这个故事里概括出一些规则性的东西来呢？如果我们用 A 和 B 来指代"失马"和"得马"，我们发现：人们经常认为 A 不好，B 好。有效的思考要求我们必须对人们习以为常的观点做进一步的追问与分析。我们可以这样问：A 就一定不好吗？请大家根据这样的思路讨论，最后形成一个思考分析问题的框架。

（学生讨论，最后形成如下框架。）

追问 1：A 就一定不好吗？

追问 2：B 就一定好吗？

追问 3：A 为什么会有 B 因子？

追问 4：B 为什么会有 A 因子？

追问 5：A 和 B 在怎样的条件下会互相转化？

师：总结一下。上面这个分析框架我们不妨称之为"五问法"。第一问和第二问，告诉我们这样一个行文思路：固然一般人都认为 A 不好，但它就一定不好吗？一般情况下人们都认为 B 好，然而它真的就一定好吗？至于第三问、第四问，其实就是进一步分析两个对立事物的内部关系。第五问则是讨论对立事物之间可能存在的相互转化的关系。

三、运用框架

师：刚才我们总结出一个"五问法"分析框架，现在让我们尝试运用这个框架来分析一个生活现象吧。

人们常认为"走投无路"是人生大不幸，也认为"踏上通途"之人是幸运者，对于"有路"与"无路"的思考，可以让我们领悟许多人生道理。请用"五问法"加以分析。

（学生分组讨论，每组运用"五问法"中的一问来分析问题，最后各组形成观点在班内交流。）

第一组：有路就一定好吗？

20 世纪 80 年代有青年人感叹：为什么人生的路越走越窄？于是在全国范围内展开了"人生的路究竟该怎么走"的大讨论。人的青年时代总会有一段时期陷入迷茫，似乎无路可走。然而有路就一定好吗？"我爸是李刚"，因为这层关系，某些年轻人可以说是有路的，于是无法无天，为所欲为，走上了犯罪的道路。这就是自恃"有路"所付出的代价。

第二组：无路就一定不好吗？

相比官二代、富二代，我们草根一族可谓是无路的，然而无路就不好吗？正是因为无路才去探路，有一个人去探路，开辟出一条路来，有许多人去走，就可以踏出光明大道。《宽容》序言中那个先驱者就是这样的探路人，中国革命的先驱们是这样的探路人，改革开放之初，邓小平提出"摸着石头过河"，第一个"摸着石头过河"的人，是这样的探路人。今天的草根子弟们，在无路中探路的不乏一人。

第三组："有路"中是否含有"无路"？

靠父辈或别人铺设好的路，自己好逸恶劳，不劳而获，终究会害人害己，自毁前程。本来在一些人看来郭美美是前程似锦的，但她的炫富，她的聚众赌博，不仅伤了红十字会，也使自己走上了不归路，由有路变成了无路。其实，可能正由于她走的"路"太顺利、太平坦，才导致她如此骄横不守规矩，于是使得自己人生之路越走越窄，直至最后"走投无路"。

第四组："无路"中是否包含"有路"？

二十岁的史铁生双腿残疾，只能在轮椅上度过余生，那是无路的，但史铁生在母亲的鼓舞下，发奋读书、写作，经过不断努力，终于在三十岁那年小说获奖，证明自己可以通过写作成为对社会有用的人，在无路中踏出人生的光明大道。

第五组："有路"、"无路"如何转化？

"无路"可走，当然是困境；但正因为"无路"，可能逼得人们去寻路，去开路，于是，反而可以出现许多路。这就是人们所说的"世界上本没有路，走的人多了，便成了路"。关键是开拓，要有第一个敢于吃螃蟹的人，有了第一个，便有第二个，第三个……成百上千个，这样就开辟出广陌通衢。同理，有时候我们似乎有许多条路可走，但大路条条却未必保证把我们带向"罗马"，有了路，还需要看怎么走这条路。如果随心所欲，为所欲为，那就是封自己的路，使自己无路可走，或者走上绝路。

四、内化框架

师："五问法"有助于我们有序地思考问题，但不等于用了"五问法"

就万事大吉。下面这篇作文也是运用"五问法"来分析问题的，但这篇作文在概念界定、逻辑分析等方面都存在一定问题。考虑到时间关系，我们重点剖析第三段，看他在论述俗向雅的转化上，哪方面做得比较好，哪方面做得还不够好，有什么好办法帮他修改。

（出示学生作文）

雅和俗

（1）雅，意味着高雅甚至尊贵；俗被称之为俗气抑或是通俗。许多人认为它们是完全对立的，但我却觉得两者缺一不可。

（2）雅，是许多人孜孜以求的，但"雅"就一定好吗？至于"俗"，似乎人们都想避而远之。但是，"俗"真的那么可恶吗？我以为，"雅"之为"雅"，也许正因为其中有"俗"；而"俗"之所以"俗"，或许是"雅"的太过了呢！

（3）记得前几日中央电视台中秋晚会中歌唱节目《在水一方》、《水调歌头》，都选自《诗经》、宋词。如今这些诗篇在我们眼中实在是高雅、尊贵得紧啊，但在许久以前，它不就是为当时的"贩夫走卒"、"村姑织女"所吟唱吗？和我们如今耳熟能详的通俗歌曲又有何区别呢？为什么当时"俗而又俗"的歌曲千百年后就变得如此"风雅"了呢？难道只是因为时间的流逝，就能够使"俗"变"雅"吗？

（4）再如今年突然走红的"碎花款服饰"，在几年前我对其根本不会留意，大家都觉得这种款式太俗气了。但，如今它却成为了一种雅，或许是某一场走秀，抑或是哪位名人穿起了它，都深深为其走红打下了牢固基础。碎花，不再是俗，不再是以"这种显花"的方式回绝，而是变为了一种高雅、尊贵的感觉，升级为雅。

（5）雅与俗，就是那么贴近，或许只要一步就会使其变化。我们也不知道未来的某一天，雅不再是雅，俗亦不再是俗……随着岁月的蹉跎，时代的发展，一切都会随之而改变。

（两分钟讨论）

生：这篇文章没有简单地断定"雅"好"俗"不好，而是认为"雅"和"俗"之间有内在相通之处。这是值得肯定的。但我感觉，作者在确定"雅"、"俗"相通的"因子"方面做得不够好，分析不够透彻。

师：那么，让我们一起帮这位同学分析分析吧！《诗经》中许多诗篇原本确实是"俗"，但这些"俗"为什么后来会变"雅"呢？作者好像没有分析。其实，我们都学过《蒹葭》，不妨分析一下这首"俗"诗中所包含的"雅"因子。

生：《蒹葭》选自《秦风》，就是秦地的民歌，无疑是比较"俗"的，但是这首诗本身具有重章叠句、叠词双声等特点，这是一种形式上的美，这就很"雅"。

师：你刚才说它形式上"雅"，那么，内容上也"雅"吗？

生：蒹葭、伊人的意象之美，"在水一方"的意境之美，还有"溯洄从之，道阻且长；溯游从之，宛在水中央"的那种男女追慕的纯洁爱情之美，这是内容上的优美和雅致。正由于具有这些雅的因子，几千年后改编成《在水一方》，我们才感受到美。所以，并不是"俗"一定会变成"雅"，而是因为"俗"中原本包含"雅"。

师：但是，为什么同样还是这首歌，当时并不觉得有多雅，现在却"雅"得很呢？谁能分析分析？也就是说，是什么原因让当初比较"俗"的诗歌如今显得特别"雅"？

（学生思考，讨论，最后有学生发言。）

生：其实上文第三段说的有道理，可惜没有分析。我觉得就是因为时间的原因。因为，在当时，那些民歌虽然也包含"雅致、美好"等因子，但就是老百姓日常的大白话，天天说，天天唱，因此，很难让人们有一种特别的新鲜感。随着时间的推移，这些语言在今天看来显得特别陌生，于是大家就会觉得非常别致，并且，诗歌原有的那些雅致又被时间笼上一层古典色彩，这才熠熠生辉起来！

（学生鼓掌）

师：分析得不错。他一旦尝试分析了"俗"向"雅"转化的条件，我们就觉得文章的说服力增加了。当然，也许还有其他原因，但按照这样的思路思考，我们的结论就会更加可靠、可信！

品评：
为思维架设轨道

人们经常感慨写作无教学。正如王荣生教授所言，中小学的"作文教学"，要么在写之前指导学生审题、构思，解决"写什么"的问题；要么在写之后，对学生的作文进行讲评，主要解决"写得怎么样"的问题；而在具体的写作过程中，对于"怎么写"的问题，教师通常很少顾及，更缺乏有效的指导。即便有，也是非常空泛笼统的要求。

议论文写作教学就面临这样的尴尬。

我们已经明白：议论文写作教学必须促进学生理性思维的发育，必须让学生学会理性分析。但是，如何做到这一点似乎并没有太多的办法。在议论文写作教学课堂上，类似的指导屡见不鲜：议论文要注重思辨，所谓思辨，就是用全面、客观、理性、发展、辩证的眼光看问题，避免片面、偏激、绝对化。议论文写作，要注意立论的严密，要确保层次的深化。我曾经戏称这样的写作指导为"牧童遥指杏花村"，因为这些所谓的指导只是告知学生高阶议论文所应该具备的标准和目标，但是，知道目标与达到目标并不是一回事。

李新老师的"五问法"可以在一定程度上对议论文写作教学指导具有较大的启发作用，试做简要分析如下。

一、研究学生"思辨"中存在的问题

写作教学指导的实效性来自针对性，所谓"针对性"就是针对学生写作学习过程中出现的问题与面临的困难。但语文教师对学生"思辨"学情了解却非常不足，因此，有效的指导往往无法实现。

这里，不妨简要对学生的"思辨"学情做一简要分析。

学生议论文写作缺乏"思辨"能力是显而易见的。但是，这样还只是表象。经过进一步研究，我们发现：学生在议论文写作中经常出现许多情绪化的语句，议论文中大量煽情句、排比句暴露出学生冷静清晰的逻辑推断能力的不足；学生作文中也经常出现一些非此即彼、非黑即白之类简单化、绝对化的思维判断。为此，注重培育学生的"思辨"能力是非常必要的。

如何培育学生的思辨能力？对此，似乎还没有理想的答案。事实上，学生对"思辨"要素的认识就存在很大分歧。根据我们的调查，很多学生认为所谓"思辨"就是注重"逻辑性"与"辩证性"。但是，何为"逻辑性"？何为"辩证性"？这两个概念不但学生难以言说清楚，在许多语文教师那里也没有得到明确的区分，甚至，许多教师认为二者名殊实同，几乎可以画上等号。

逻辑性思维是人们借助概念，对事物进行判断、推理的过程，逻辑思维是分析性的，是遵循传统形式逻辑规则运行的一种思维方式，而辩证性思维是指以变化发展视角认识事物的思维方式，通常被认为是与逻辑思维相对立的一种思维方式。在逻辑思维中，事物一般是非此即彼、非真即假；而在辩证思维中，事物则可以亦此亦彼、亦真亦假。

逻辑性实质上是一种线性思维，而辩证性则是典型的圆形思维。二者之间有着明显的差异，但都是议论文写作中不可或缺的元素。学生在思辨过程中很容易出现偏废现象，但在实际生活中，我们又总是同时运用这两种不同的思维方式。如何将逻辑性与辩证性进行有机的结合？这是议论文写作教学不容回避的问题。

李新老师的课例，最大的优点就是考虑到学生的这一实际状况，用"五问法"将"思辨"能力中"逻辑性"与"辩证性"这两种方式统整起来。第一、二问是一个层次，追问"A、B是否正确"；第三、四问作为第二层次，追问判断"A、B是否正确"的内在原因；第五问，则进一步思考A、B互相转化的原因。每一层次都有因果分析，各层次之间逐层深入，是典型的注重逻辑判断的线性思维。同时，每一问又都包含着辩证思维的色彩，不断要求学生在对立面中发现相关因子。

同时，用"五问法"这一追问方式，也符合中学生初步学习"思辨"的实际。教师没有介绍"大小前提、内涵外延、推理判断"以及"对立统一、否定之否定"等两种思维方式的相关知识术语，而是非常巧妙地创设了一个分析框架，这个框架其实将上述两种思维方式的因子都包含在内。

当年杜威强调，在学校情境中，教学知识通常需要对专业知识做一番"简化"和"净化"加工，其目的就是为了更好地促进学生的学习。

二、从理解"思辨"知识走向运用"思辨"知识

从课例中可以看出，李新老师带领学生分析"塞翁失马"的故事开发创生了有助于学生发展思辨能力的"五问法"，用五个追问的方式组成一个分析框架，这一框架融合了逻辑思维与辩证思维的主要特征，在教学中具有较好的效果。但是，关键不在于李新老师带领学生开发出有效的关键知识，我们知道，要提高学生的思辨水平，只有关键知识是不够的。写作知识的学习，主要目的在于让学生运用知识有效完成写作任务、形成写作能力。我们看到，李老师总结出"五问法"之后，连续让学生运用了两次知识。一次是用这一知识进行"思辨"，我们看到学生用"五问法"讨论"有路无路"的问题，确实非常顺利。我们还看到，李老师要求学生评判、修改一篇不高明地运用"五问法"写作的文章。这对于学生内化知识具有重要的作用。

因此，有效的写作教学必须做到：在确定有效的关键性知识之后，要精心设计任务情境，让学生不断运用知识完成写作任务，最终内化这些知识，从而形成写作能力。

三、为学生提供学习支架

"支架"源自建筑行业术语，有时被译为"脚手架"，是建筑楼房时为施工者所提供的一种暂时性的支持。支架式教学主要以维果茨基的"最近发展区"的概念为核心，最初产生于父母如何帮助孩子表达自己的研究中。[①]

---

① 余震球 . 维果茨基教育论著选［M］. 北京：人民教育出版社，2005：384-390.

写作是一种重要的表达形式，因此支架理论自其产生之日起便具有指导写作学习的先天优势。

美国圣地亚哥州立大学教育技术系的伯尼·道奇博士将学习支架划分为三大类型：接收支架、转换支架和产品支架。[①] 我们根据写作教学特点，选择接收支架、转换支架作为写作学习的主要支架。所谓接收支架，就是用来帮助学生获取主题知识信息，帮助学生记录和组织所获取信息的工具。所谓转换支架主要用来帮助学生将收集到的信息加以转化。

"五问法"主要属于"转换支架"，它不是解决"无米之炊"的困难，而是解决"茶壶煮饺子"这类"清晰表述"方面的问题。"五问法"用连续的追问，能够比较便捷地帮助学生理清自己的思路，整理自己的思维。

当然，我们将"五问法"作为支架看待还有一个重要原因：学生的思辨能力一旦形成，这个"五问法"就可以抛弃。正如房屋一旦竣工，"脚手架"势必拆除一样。

因此，我们就无须担心"五问法"思维框架最终是否会变成一种僵化的思维定势，会不会在促进学生形成"思辨"能力后又转变为一种妨碍"辩证思维"的刻板教条。

---

① 邓静，赵冬生.再探学习支架［J］.上海教育科研，2008（9）.

第十四章　针对性讲评：习作评价的教学价值如何发挥？

执教教师简介

王召强，任教于上海复旦大学附属中学。曾荣获上海市"十大语文教学之星"称号，上海市第十届教科研评比二等奖，上海市中青年教师教学评比一等奖，上海市写作教学评比一等奖。

目前，致力于批判性思维教学研究。著有《语文太重要：高中写作创意》、《主题写作十二课》、《唤醒理性的不安——中学生批判性思维培养》等作品。

评课要点概述

作文讲评是写作教学的关键环节。长久以来，讲评课在内容与方式上都相对僵化。

王召强老师的课例给我们的启发如下。有效的作文讲评需要具备如下要素：反馈、聚焦与制导。作文讲评的内容需要精简，不宜面面俱到；作文讲评方式也需要改进，应当减少教师讲、学生听的单向式讲评，确保学生参与到作文修改过程中。

课例 14

王召强：作文的修改与升格

师：今天我们来分析一篇文章（见后附样卷）。张洁同学的这篇文章，最终得分是 53 分，按高考评分等级，本文应该属于二类下作文。早自修的时候我让大家看了一下，主要想让大家先对文章有个总体印象。现在，请大家思考一下：你觉得这篇作文存在哪些问题？假如由你去修改的话，你觉得从哪些方面修改可以把它写得更好一点？

给大家 5 分钟时间，小组讨论一下。（学生讨论）

一、主题与立意

师：下面我们找几个同学发表一下对这篇文章的看法。课代表你先来说一下。

生（课代表）：我觉得她表达的主旨含糊了一点。

师：主旨含糊了一点？何以见得？

生（课代表）：我个人认为，这个题目的侧重点应是论述"使物"和"不为物使"，但是她侧重讲的是"使物"和"不为物使"的方法。而且她文章前后对"物"的理解也缺少一致性。

师：你指出了张洁作文中的两个问题。我们首先来看第一个问题。张洁的题目是"使物与为物所使"，而我们作文的题目是"君子使物，不为物使"，她的题目和我们作文的命题之间出现了一个什么样的小偏差？

生：题目是"不为物使"，她说的是"为物所使"。

师：这有何区别呢？

生：这两种说法正好是相反的。管子说君子不被外物驱使，但她这篇文章好像是反过来说有人偏偏被外物驱使。

生:（补充）其实，张洁是从反面针对"不为物使"这个题目进行论述的。管子"不为物使"是理想状态下君子应该做的，张洁对于"为物所使"是持批判态度的，认为这是不合君子之道的行为。所以，观点还是一致的。

师：分析得透彻。"君子应该不为物使"和"君子不能为物所使"这两种表述在意思上还是等同的。因此，从这方面来看，张洁的作文并没有偏离话题。但是，你（指课代表）刚才说她重点论述的是"使物的方法"，这点似乎也可以继续讨论。你这样说有根据吗？

生（课代表）：张洁在第三段有这样的表述——"君子之所以能役使万物，就在于他能用自己的'志'来控制自己的贪婪和欲望，而能把他的深思慎虑用于役使自己所欲之物中"。

师：那么，张洁的这一段论述和刚才我们讨论的话题还一致吗？我们是否可以梳理一下张洁同学在文章中的思路？

生：管子说"君子应该不为物使"，张洁认为"为物所使"不合君子之道，为了防止出现这一弊端，必须用"志"控制贪欲。

师：注意了！这地方是一个大关键！"应该"如何，"不应该"如何，这个问题属于"价值判断"领域的问题，回答这个问题通常要说出"为什么"之类的原因。但是，张洁在文章中却转而讨论如何避免"为物所使"，这属于"方法策略"领域的问题，回答这个问题一般要介绍若干关于"怎么办"的对策。这是写作议论文最容易出现的毛病。

这段话中有一个关键词是什么？

生：志。

师：这里的"志"是什么意思？她讲清楚了没有？

生：没有。

师：那么，她在下文中有没有弥补？

生：有。她说："一个人如果没有意志，怎么能谈得上去'使物'呢？"

师：哦，"意志"。她认为君子使物，必须有"意志"。大家比较一下，在文章中，张洁先说了一句话："不贪者，有志也。"这个"志"和后文的"意志"，是不是稍微有点偏差？在这一段话里面，她实际上有点前后不一致了。前面这个"志"是不是太过于笼统了？如果再加一个字，变成"不贪者，有意志"，意思是不是更明确了呢？

我们继续讨论。她认为君子如果要做到"不为物使"的话，应该怎么办？刘佳同学，你说说看。

生（刘佳）：她认为："为物所使者，乏其自制力而已。"

师：我们来看一下，她的判断是不是这样的：使物的人，"有意志"；为物所使的人，"无自制"？这样看来，"有意志"和"无自制"还是基本能够对应的，是吧？议论文写作，最重要的是把概念弄清楚。

二、核心概念的界定

师：同学们再看看，这篇文章还有什么问题啊？

生：我觉得，首先这篇文章对"物"的概念定义得很模糊，她没有说明"物"到底是怎样的一个东西。

师：你的意思是说，她没有首先界定"物"这一概念的涵义？那么，她在文章中具体涉及什么是"物"的时候，你看她是怎么说的。

生：在举陈寅恪的例子的时候，她提到了"思想"。

师：她在"使物"后面举了陈寅恪的例子，她认为陈寅恪所使用的物是思想，她说，"他欲据此来役使自己的思想，使自己的思想能达到'自由'"。那"为物所使"后面她又举了一个例子，举的是科尼的例子，科尼使用的"物"是什么？

生：权势。

师：你刚才认为她的文章对"物"缺少一个界定，前面陈寅恪使物使的是"思想"，后面科尼为物所使使的是"权势"，那她在文章的开头有没有交代这个"物"是思想还是权势呢？

生：没有交代清楚。

师：这里就出现了一个问题："思想"是不是"物"？"思想"能不能当作一种君子使物的"物"？我们把这两个词语代进题目去试一下，君子使用"权势"，不为"权势"所使，可以吧？

生：可以。

师：那君子使用"思想"，不为"思想"所使，可以吧？这里有什么问题？

生：君子使用思想好像不太合理，思想是人本身所具有的，它在某种意义上等同于文章前面所说的"志"，不应该是君子用来使用的一种物，而是人本身具有的一种意志。

师：帕斯卡尔说过一句话，叫什么？

生：（齐）人是一支有思想的芦苇。

师：人和动物的区别在于人是有思想的。思想是内在于人自身的一种素质。那么君子使物，就变成君子使用自己的思想了。换一句话说，就是君子使人了，不是君子使外物了。所以把物理解成思想是有问题的。然后跟后面的"权势"也没有办法统一起来。这就造成她对这个题目的理解有偏差，她把题目中的两句话割裂开来去论述了。然后因为她对"物"的界定没有界定清楚，导致了她把"物"误解成了"思想"。这里可能是先入为主，先想到我要用陈寅恪的例子，然后把他硬搬到"君子使物"这篇文章里面去了。

师：张洁，你当时是怎么想的？

生（张洁）：因为考试的时候时间比较紧张，我当时也没有想过"物"不能用"思想"来表达。因为当时我觉得思想就是一种作为工具来使用的外物。

师：君子使物的"物"，至少应该是一种外在于人自身的外物，君子使用外物，要给外物下一个界定，这样就不会把概念混淆了。

三、结构与章法分析

师：我们来看一下，这篇文章在结构上还有什么问题？

生：我觉得这篇文章结构有点问题。她把"君子使物"和"不为物使"分裂开来了。在文章的最后，她也没有把这两方面结合起来。这样这篇文章就像"八"字的撇和捺一样，越来越往外了。

师：你的意思是：如果她能够把这个"使物"和"不为物使"统一起来

的话，文章在结构上会更好一点？那你看一看她的文章有没有试图把它们统一起来的段落呢？

生：在第二段，她有把两方面统一起来的想法。

师：我们来看一下第二段。

> 使物与为物所使，这只于人的一念之间，关键在于我们是否能把贪婪的劣根性锁在一个黑匣子里，而使自己的睿智发挥得淋漓尽致，并把对所欲之物的掌控把握得恰如其分。

师：这里有两个关键词，找到了吗？

生：贪婪和睿智。

师：贪婪，她针对的是科尼，实际上是说"为物所使"；睿智，她针对的是陈寅恪，实际上是说"使物"。她想在第二段先把这一撇一捺两扇门关起来。看来，张洁的这篇文章在总体结构上还是比较清晰的，先是总，然后是分。但是，正像刚才这位同学所说的那样，两个方面越走越远，没有很好地把它再总结一下。缺少一个总，这两扇门的关联不清晰了。大家看，这两扇门，应该在什么地方关联起来？

生：（齐）倒数第二段。

师：或者倒数第三段。因为倒数第二段是要"立足当下"，也就是说她要联系现实了。而文章的最后一句，是要发个倡议，是要照应开头，把标题再点一下。实际上，没有把这两个方面很好地统一起来。所以，这个总分总的结构完成得不是很好。有时候，在关键的地方比较显豁地联系一下，问题的几个方面的联系就会比较清晰，别人阅读起来也会比较方便。一个清晰的结构，对于阐述我们的观点是有较大帮助的。

四、论据的使用

师：我们已经讨论了论题、概念和文章结构，大家看看，这篇文章还有什么问题值得修改？

生：我对她使用的一些论据表示质疑，对她使用的两个例子持保留意见。

师：你谈谈你的保留意见。

生：在举陈寅恪例子的时候，她说，"他欲据此来役使自己的思想，使自己的思想能达到'自由'"。她的意思是说陈寅恪使用思想，又要去役使自己的思想，我觉得不太恰当。

师：她要说明什么问题呢？陈寅恪怎么役使自己的思想？这个问题是不是说清楚了呢？张洁你可以回答吗？

生（张洁）：其实我想说陈寅恪的思想之所以能切中时弊，是因为他能够很好地役使自己的思想。他能够支配自己的思想，用自己的思想为社会服务。

生：那我想问一句：你说他役使思想，他究竟用了什么东西来役使思想？

（张洁语塞）

师：陈寅恪的思想不是凭空来的，对吧？显然，他的思想至少与他的治学方法有关。我们以前讲过，陈寅恪的治学方法是……

生：（齐）诗史互证。

师：陈寅恪非常娴熟地运用"诗史互证"这种方法来做学术研究，让他的思想达到一般人达不到的境界。但是有没有学者会为自己所使用的治学方法所役使的？

生：（齐）有。

师：谁能够举个例子？

生：方舟子。

师：你凭什么说方舟子为他的方法所役使？

生：他觉得什么都是假的，要质疑一切，批判一切。比如，他认为韩寒的文章是有人代笔的。这时，他运用的方法是什么呢？都是一套逻辑推理，而没有实证。

师：你是说，他用纯粹推理的方法来论证韩寒的文章有人代笔，他就成了一个为方法所役使的人？

生：对的。哪怕方舟子的推理在逻辑上毫无破绽，也不能得出结论。因为，说别人抄袭应该有证据。就像法官判案不能只依靠逻辑，还要靠证据一样。

师：你说得真好啊！方舟子用的方法主要是理科的方法，用理科的方法来证明文科的问题，有时就不合适了。方舟子的问题就在于：他在使用"方法"这个"物"的时候，有时为"方法"这个物所役使了。

五、论证过程讨论

生：我觉得她在分析科尼这个例子的时候，最后一句话有问题。举这个例子的出发点是论述"不为物使要有自制力"这个观点，她在分析例子的时候，最后一句应该回到观点，但她没有。

师：你的意思是说她所使用的材料没有贴着观点来分析，是吧？

生：对。她在分析材料的时候就偏掉了。

师：非常好。这里涉及一个问题，就是你所使用的材料和你所论证的观点之间的关系问题。你在分析你所使用的材料的时候，要结合你所要论证的观点来分析。因为张洁这篇文章不是去谴责科尼的，而是为了论述"不为物使"的。

生：我想来分析一下第三段和第四段。从第三段来看，首先，她把控制贪婪和欲望当作役使万物的一个前提，然后把意志当作控制贪婪和欲望的一个前提，最后她把意志当作"使物"的一个大前提，这样就形成了一个三段论。但是第四段"事实证明"以前，她是在分析陈寅恪是一个拥有思想即拥有意志的人，"事实证明，他真的做到了"是想说明陈寅恪控制住了自己的贪婪和欲望，但是这句话说完之后，她应该再往前推一步，说明陈寅恪可以"使物"。但是她没有，她又回到了陈寅恪是有思想有意志的人。就是说，她前面的三段论很好，但是后面的举例分析等于只论证了自己的大前提，忽视了小前提，也没有推出结论。这是一个很严重的问题。

师：很好。在张洁的文章中，第三段里的意志，到了第四段变成思想，这实际上是概念的偷换。"意志"这个概念被偷换以后，她又没有回到前面的"贪婪"上去。

其实，陈寅恪这个材料，改头换面之后还是可以用的。但是她的论述偏了，她是这么慢慢偏离的：由意志偏到思想，再由思想偏到陈寅恪的思想。

六、总结

现在我来总结一下。这篇文章的问题差不多就是这些了。

首先，这篇文章总分总的结构安排还是不错的，但是一定要处理好分和总之间的关系。不要分开来之后，就收不回来了。最好在分之前，阐述一下，我为什么这么分。绝大多数同学的作文为什么总是处于三类卷的水平，在结构安排上的问题就是：当总说完以后，"总说"和"分说"之间的关系还没有阐述清楚，就直接分了。

其次，这篇文章主要的问题是对核心概念的界定不够清晰，由于概念界定不当，还会导致对主要观点的分析不够充分。

因此，我们开始要把核心概念界定清楚。核心概念不界定清楚，很容易就变成套题作文。在此基础上，再对主要的观点加以分析。怎么分析呢？我给大家提供几个分析的步骤。

分析观点是有基本框架的。第一步，可以展开辩证分析，比如，题目中的前后两句话本身就是辩证的，辩证地看待人与物之间的关系。第二步，可以对"因果分析"进行具体化处理：分析结果、分析措施。所谓分析结果，就是分析善假于物有何裨益（物有所值，人尽其用），为物所使有何弊端（暴殄天物，人性沦丧）。分析措施就是要分析善使于物有何良策（重估物的特性与价值），为物所使有何镜鉴（重估人的目的和意义）。

再次，要注意写作内容的前后一致性。

第一，观点前后要一致，概念前后要统一；第二，观点和材料之间要一致，要结合观点分析材料；第三，要注意选材类型要一致；第四，要注意内在逻辑上的一致性。

做到以上几点，你就可以告别三类卷，荣登二类卷甚或一类卷了。

根据我们今天所讲的内容，请将自己的作文认真修改一遍。

附：

（1）作文题目：

管子曰："君子使物，不为物使。"对此，你有什么看法？请自选角度，自拟题目，写一篇文章。

要求：不少于800字；不要写成诗歌。

（2）样卷：

使物与为物所使

张　洁

管子曰："君子使物，不为物使。"这是一句警策句，更是一句人生的诚言。如果以此作为人生的导航标，并以此时刻修明自身，我们一定能役使所欲之物，而不是沦为"物"的奴隶。

使物与为物所使，这只于人的一念之间，关键在于我们是否能把贪婪的劣根性锁在一个黑匣子里，而使自己的睿智发挥得淋漓尽致，并把对所欲之物的掌控把握得恰如其分。

使物者，君子也；君子者，不贪而已；不贪者，有志也。君子之所以能役使万物，就在于他能用自己的"志"来控制自己的贪婪和欲望，而能把他的深思慎虑用于役使自己所欲之物中，以避免其"智勇多困于所溺"。然而，并不是所有人都能把自己的贪婪和欲望控制在刚刚好的范围内，这时就需要意志来束缚自己的行为和想法。一个人如果没有意志，怎么能谈得上去"使物"呢？

这让我想起了陈寅恪先生这位具有真知灼见的思想家。他在王国维的墓志铭里题其拥有"独立之精神，自由之思想"，自己也毕生以此为标榜。这是陈寅恪先生治学的态度，他欲据此来役使自己的思想，使自己的思想能达到"自由"，精神能超脱"独立"。事实证明，他真的做到了，因为他的许多思想至今仍能切中时弊，不管当初是否被视为时代的逆流。

陈寅恪先生所役之物，是思想与精神，这让（他）成就了毕生理想，我想没有人会质疑他是个真君子。然而，总有一些人"为物所使"，走向无可挽回的深渊。

为物所使者，乏其自制力而已。当一个人没有自制力的时候，他的行为必然是缺少理智的思考而与正道背道而驰的。这样的人会沦陷在自己所欲之物中，并受到所欲之物的驱使，走向一个又一个极端。他们的心智已近乎彻底沉溺于其物之中而不可自拔——为物所使，是罪恶的根源。

眼下正爆发着一场守卫人类自由、保护人权的战役，那就是科尼2012之战。这场战役的罪恶之源就是科尼这位"首领"。他劫幼童，淫童女，拆家庭，组童子军。一切反人类、反人伦、违天理的罪行都源于他的穷奢极欲，源于他对权势的过分沉迷。科尼为这种沉溺所役使，铸下了令全球不可原谅的罪恶。我们反的不只是科尼，还有他的罪恶。他最终还是沦为为物所使的"小人"，没有成就他所谓的梦想。

立足当下，有的人为权力所役使，滋生腐败贪污；有的人为金钱所役使，致使食品安全问题成为百姓的心头之患；还有人为欲望所役使，沉沦在黄色暴力的架构之下……

我们要做的，是使物，而非为物所使。

品评：
掀起讲评课的盖头

作文讲评课怎么上？王召强老师的这个课例可以给我们很多启示。

常见的作文讲评课效果不尽如人意，或者说问题不少。最大的问题是讲评针对性不强，因此效果很差。

常见的作文讲评课有一个惯常的模式。

先看讲评内容。一般会涉及以下几点：构思立意、谋篇布局、材料选用、语言表达。但凡学生作文中出现多少问题，教师就会讲评多少内容。

再看讲评步骤。一般就是：先回放作文题目；接着对作文批改情况做一番综述，扫描班级全貌；然后是优秀作文示范，读几篇范文，列几个亮点；最后指出本次作文的若干不足，此即所谓的病文分析。

最后来看讲评方式。通常是教师在台上详细讲评，学生在台下静听；有时教师希望发挥学生的主体性，也会提供例文若干，让学生互评互改，讨论分析作文中的优点、缺点。

有教师曾经这样质疑我：你说的这已经算是理想状态了！现在谁还上作文课？谁还改作文，讲评作文？现实情况是，一位语文教师如果能够按照上述模式进行作文讲评，就已经算是非常认真负责的教师了。

我承认，根本不进行作文讲评的现象一定存在，或者一定程度上还比较普遍。但是，我们似乎应该追问一句：为什么有那么多教师不进行作文讲评？

显然，这一定不能归咎于教师的觉悟低，水平差，恰恰很可能是由于语文教师发现惯常的作文讲评没有效果。因为，如果通常的作文讲评没有效果，作为一个理性的人，教师放弃讲评就是一种非常理性的选择。事实上，如果教师发现有一种办法对于提高学生写作水平大有帮助，按照常理，他一定不会弃之不用。

所以，我们必须寻求一种有效的作文讲评范式。

讲评课的理想状态是怎样的呢？我以为大致有以下三个标准。

一、反馈

我们知道，没有反馈，就没有学习。布鲁纳将教学原则概括为以下四大原则：动机原则、结构原则、程序原则和反馈原则。其中，反馈原则处于教学环节的终端。教学效果是否良好，反馈至关重要。

作文讲评，本质上是对写作行为的反馈。

作文讲评要达到良好的效果，必须具有明确的针对性。没有针对性的教学反馈是低效甚至无效的。所谓的针对性，显然就不是面面俱到，而是落实在某些特定的"点位"上。泛泛而论的讲评，看似全面，实则漫无目的，效果自然有限。

确保讲评针对性的"点位"如何确定？这就需要教师对学生的习作进行一番研究。批改学生的作文，主要目的不是为了给学生打分数，划分等级，不是为了把学生区分为三六九等，而是为了准确探测学生写作学习中的瓶颈问题，找到制约学生写作水平提升的命门。

讲评课应该针对学生普遍存在的共性问题开展讲评。在学生那里大量存在、长期没有得到改变的问题，往往是讲评的主要问题。这是针对性的第一要义。

例如，有教师接手一个新的班级，发现很多学生作文中存在严重的书写及卷面问题。因此，第一次作文讲评，教师完全不谈构思立意，遣词造句，而是针对学生的卷面书写开展专题讲评。同时，针对学生存在的卷面涂抹——把作文纸当作草稿——教师侧重从态度讲评，引起学生的重视；对于学生字体歪斜的现象，教师侧重讲解汉字笔画"横平竖直"及字的结构。

再如，如果学生在写作中思维混乱、思路不清现象严重，教师的讲评就可以聚焦在"思维的逻辑性、条理性"方面；如果学生写作思路闭塞问题严重，写作讲评自然可以集中在如何开拓思路的策略上。

不妨还原一下王召强老师的写作讲评实录：

> 开设这一讲评课的契机是：在一次高考模拟训练中，作文考试的题目是"君子使物，不为物使"，意在考查学生对人与物的辩证关系的分析和思考，但是在阅卷过程中，阅卷老师发现学生在写作过程中普遍存在以下问题。
>
> 首先，学生把题目中的前后两句话完全割裂开来，分别加以分析和论证，缺乏对题目的整体感知和全面关照，导致文中对"物"的界定前后不一致，概念的模糊，最终导致思维的混乱。
>
> 其次，学生在举例论证的过程中，对所举事例的分析往往游离于所欲论证的观点之外，就事例论事例，没有将事例和观点之间的证明关系阐述清楚，导致文中大量举例论证的篇幅脱离主旨，不知所云。
>
> 再次，学生对文中的主要观点缺乏必要的分析和阐述，往往在得出观点之后，就直接加以举例论证，导致议论文写作中存在大段"叙述"，"议论"反而缺失的怪现象。学生对观点的分析和论证始终停留在"印证"而非"证明"的层次上。
>
> 针对学生在作文中暴露出来的普遍问题，我从学生的习作中精心挑选了一篇典型作文，引导学生在仔细阅读和小组讨论的基础上，从中自主发现问题，并拟定修改意见，从而加强议论文写作的文体意识，达到作文提升的最终目的。

很显然，王老师这一次习作讲评课就试图体现讲评的针对性。他在讲评中涉及五个方面的问题，如"主题与立意、核心概念的界定、结构与章法分析、论据的使用、论证过程讨论"，这些问题都是学生在作文中暴露出来的比较严重的问题，不是教师凭空想象出来的。这就是所谓的讲评的现实"针对性"。但是，仅仅是"针对实际问题"开展讲评还是不够的，我们于是提倡讲评的第二个原则：聚焦。

二、聚焦

所谓聚焦，就是将主要能量聚集在一个焦点上，如此，才能发挥讲评的作用，产生较好的效果。

为什么作文讲评特别要提出聚焦原则呢？

母语写作有一个特点，那就是，学生在写作过程中，不是对写作一无所知，而是知之较多。学生写作水平即便再低，也还是能够写出一篇文章来的。因此，学生面临的问题，其实往往是某几处关键点上出现的问题，而不是全局的结构性的不足。因此，教师讲评作文，只需要聚焦在关键点上即可。即便学生存在较多问题，从学习效果方面看，也只能选择其中最迫切、最能够解决的问题解决。更何况，一堂课的时间是有限的，教师的讲评必须在有限的时间内尽量发挥作用，这就必然要求教师有所选择，要聚焦到关键问题上，这就是所谓的"伤其十指不如断其一指"。

从这个意义上来说，王召强老师的课例有些发散了，聚焦得还不够。如果能够从上述五个方面选择其中一二处加以重点讲评，或许效果会更加突出。但如果考虑到王召强老师面对的是复旦大学附中的学生，那么，他这些点到为止的列举又可能是合宜的。

聚焦，简单说来，就是在针对学生实际的众多问题中，选择最需要讲评的问题，聚集力量加以讲评。聚焦，就是做减法。

三、制导

我们借用"制导"这个军事术语来阐释写作讲评的一大特征。

所谓的"制导"，就是导引和控制飞行器按一定方式飞向目标或预定轨道的技术和方法。我们知道，在制导过程中，有一个关键的导引系统，导引系统会不断发出制导信息传递给飞行器，会不断测定飞行器与目标的位置关系，以控制其飞行，使其逐渐接近目标。这个系统在写作教学中相当于"教师"，不断评估学生作文与写作教学目标之间的距离。制导技术有许多方式，如，有线制导、无线电制导、雷达制导、红外制导、激光制导、音响制导、地磁制导、惯性制导和天文制导等。同样，作文讲评也应该有许多方式，如对话式、互批互评式、面批式等，教师可以根据实际情况选择合适的方式引导学生逐渐走向目标。

这时候，教师的目标意识必须非常明确，教师在讲评过程中始终引导着学生趋近学习目标。我们看王老师课例中的"论据的使用"片段，可以明显感受到王老师"制导技术"的高明。

请看，为了引导学生学会选择恰当的论据说明问题，王老师首先从学生实际出发，进一步具体化了陈寅恪不为"治学方法"这一"物"所役使的观点，这里用陈寅恪善于使用"诗史互证"方法为例。然后，再引导学生列举方舟子之例，说明如果过于迷信方法，也会受到方法的蒙蔽，例如，方舟子单纯通过思辨方式而没有足够事实证据就断言韩寒文章是请人代笔的，这就是为方法所役。

这里需要指出的是：在这一环节中，学生提及方舟子这一论据，还具有特别针对性呢。因为，王召强老师曾执教于上海市松江二中，该校正是韩寒的母校。当时，韩寒与方舟子的那场争论，王老师及其学生都非常关注并且了解。因此，用这个例子来说明不要为方法所役使，就特别恰切并极具针对性。

总之，有效的作文讲评，关键要基于学生在写作过程中普遍存在的实际问题，有目的、有计划、有针对性地选择关键性问题，分析学生的学情，通过讲评帮助学生解决写作过程中碰到的实际问题，如此才能不断提升学生的写作水平，保障讲评教学的有效性。

当然，作文讲评教学值得讨论之处也非常多，这里我们也只能有针对性地选择以上几点加以阐释。

第十五章　习作修改：写作深度学习如何达成？

执教教师简介

邓方舟，高校文学院在读学生。初高中阶段曾获全国中学生作文大赛高等级奖项。有论文发表于中学语文核心期刊。

评课要点概述

长期以来，中学写作教学基本上只有"写前"指导与"写后"讲评，但是，最为关键的"写中"指导却一直付诸阙如。但是，过程指导并不是简单地让学生走一遍从构思到完篇的写作流程，而是在写作过程中给予学生必要的帮助与指导。

如何进行有效的过程指导？如何促进写作教学的针对性与实效性？邓方舟老师提供的"填词"写作课例，对于开展写作教学过程化指导可能会提供许多有益的思考。

课例 15

邓方舟：填词写作实验

写作如何教？这个问题一直困惑着广大语文教师。而一次与同学们一道开展填词写作拓展活动的经历，却使我触摸到写作之真味，并隐约窥见了写作教学的门径。

一、提取知识

师：今天我们一起领略词曲的魅力（投影显示李白《忆秦娥·箫声咽》）。同学们了解这首词吗？

生：（齐）不了解。

师：这首词被誉为"百代词曲之祖"，相传是大诗人李白所作。先请大家齐读这首词。（生齐读）

> 箫声咽，秦娥梦断秦楼月。秦楼月，年年柳色，灞陵伤别。
>
> 乐游原上清秋节，咸阳古道音尘绝。音尘绝，西风残照，汉家陵阙。

师：这么美的词，是一定要背下来的。2 分钟时间内，请大家赶快强记并且同桌互查——开始！（学生迅速背诵、随后互查，教室里人声鼎沸，很快学生都能够背诵。）

师："忆秦娥"是这首词的词牌，同一个词牌的词作格式都是一样的，大家能否从这首词中提取"忆秦娥"词在格式方面的一些特征呢？

生：这首词分上下片。

生：每片都是五句。

生：总共有 46 个字。

生：上下片词句中分别有一个重叠的句子："秦楼月"和"音尘绝"。

师：（赞许）很好，很好！我相信大家还可以继续从这首词中提取其他特点。现在，我们不妨依葫芦画瓢，请同学们参考刚才从范文中提取出来的"忆秦娥"词牌的特点，模仿李白的《忆秦娥·箫声咽》，也尝试创作一首小词，题目就叫"忆秦娥·读书"。

二、共写共改

（学生初次填词，比较兴奋。10分钟后，同桌互相交流自己的习作。）

师：哪位同学先来展示一下自己的作品？

生：（自告奋勇）我来。（生朗诵并将自己的习作置于投影上显示）

忆秦娥·读书

晚读书，窗外燕儿压枝头。压枝头，日出东方，檐壁生辉。

秦时明月汉时关，兴亡全都做了土。做了土，忽而惊醒，书在面前。

（众生鼓掌）

师：很不错。第一次填词，就有这样的水准，不简单啊！当然，既然是第一次，一定也会存在问题哦！大家不妨评点一下，看看这首词有哪些优缺点。

生：我先抛砖引玉——总体感觉是符合"忆秦娥"格式的。

生：他在"读书"这个题目下，侧重写"夜读诗书"，还能够化用古代诗句，同时又和"读书"关联。我觉得很好。

生：这首词好像押韵有点问题。

生：这首词结尾句的"忽而惊醒"写读书过程中的入睡，与词作主旨无关。

生：我认为有联系：作者写自己读书太累，于是睡着，醒来后还要继续读书的。

师：好！同学们讨论的这个问题很重要。一首词在意义上是有脉络的，这才便于读者理解。这位同学的词作，总体意脉还是有的。但仔细研究，又有点乱。请注意，词的上下片一般是有分工的：上片通常写景，实写；下片一般写情，虚写。根据这个标准，大家再评一评。

生：上片写"深夜读书，直到天亮"是可以的，但下片忽然写"睡觉醒来"总觉不合适。因为下片仍然是写实，而且感觉和所引用的"秦时明月"没有什么关系。一个字——乱！

生：我觉得上片也不合理。除了第一句外，其他内容都是写外面的景物，似乎都和读书无关。感觉这个"读书郎"一门心思都在鸟身上，哪里能够静下心来好好读书！难怪他读着读着就会睡着呢！（生大笑）

师：其实，这首词在写景上也有一个大问题，那就是"日出东方，檐壁生辉"这两句与全词写景角度不协调。因为整篇词作都是从"室内"这个视点来写"读书"的，而该句突然跳转为写外在环境，就显得和"读书"无关了，于是，词作的"意脉"就乱了。但，这并不是说写外部环境就一定会乱，如果一定要写外部，怎样才不会乱呢？

生：那就写坐在室内看室外呗！（生笑）

师：对，有道理。外景必须和"室内读书"发生关联，如此，词的意脉才不至于混乱。接下来我们要一起来修改这首"忆秦娥"，哪位同学说一下刚才我们总结出来的几个要点？

生：首先要围绕主旨，确保词意一以贯之。上下片要有分工，还要保持角度的一致。

师：很好，继续修改这篇《忆秦娥·读书》，看看同学们功力如何。

三、渐改渐深

（学生分组讨论修改，随后一组最先完成修改。教师投影展示，师生全体再次评改。）

忆秦娥·读书

夜读书，不觉东窗天欲曙。天欲曙，枝头鸟语，窗外远树。

秦时明月汉时关，兴亡全都做了土。做了土，苍茫大地，谁主沉浮？

师：这首修改后的词作较原作好多了，请同学们谈一谈好在哪里，又有什么不足之处。

生：这首词在词作意脉上很连贯，视角由屋内到屋外，视角非常统一，在词作主旨内容方面也很协调。我觉得十全十美！

师：（故作失望）同学们都是这样认为的吗？真正的好作品每个字都要能经得起推敲，同学们反复默读几遍，看有没有不妥之处。比如说，（拉长腔调读）秦时明月汉时关，兴亡全都做了土……

生：这两句好像有点不搭。

师：（追问）怎么不搭？

生：感觉前半句雅气十足，后半句有点……

师：有点接地气是吗？（众生笑）这两句确实在语言风格上不和谐，引用古典名句入词原本是一件好事，该同学所引用的句子在内容上也是恰当的，但是"兴亡全都做了土"这一句来自元曲，曲词一般非常俚俗，而"忆秦娥"词牌之下填词通常以雅言入词为宜，并且，就本词的整体语境来看，也应该以运用典雅语言为好。

生：原来如此，把"兴亡全都做了土"改雅致点就行了。

师：还有吗？

（学生思考，沉默。）

师：（提醒）刚才说到"不搭"，这篇改作中有没有什么词句与词的主旨"不搭"，与上下片"不搭"呢？

生："枝头鸟语，窗外远树"从语意上看是纯粹写景，与题目"读书"关联不大。

生：对，这句话与词后面所发的议论之间的联系也不够紧密。

师：是的，改作的主要问题是风格不和谐，另外，依然还有意脉问题，下面我提出第三次修改的目标——确保全篇风格、意脉的一致性。同学们知道具体怎么做吗？

生：首先要在格式正确、用词典雅的基础上，明确主旨、保持意脉连贯，最后结尾句要对全篇起总结作用。

师：总结得很好，我再加一点，要尽量发挥上下片之间承接句的作用。

四、成果评析

（学生讨论修改后，教师选定另外一组的成果投影作为研讨材料。）

忆秦娥·读书

夜读书，不觉东窗天欲曙。天欲曙，晓月西天，斜照今古。

秦时明月汉时关，功名利禄化尘土。化尘土，天地悠悠，惟祈民福。

师：这是同学们的最终定稿，大家一起品评。

生：这篇用词最典雅，"晓月西天，斜照今古"使上下阕结合紧密，而且意境高远，特别好。

生：我觉得最好的是最后一句，意向高远，由对功名利禄的感慨转到对天下苍生的祝福，气势恢宏，直接升华了主旨。

生：我倒以为最后一句是个败笔，好像有点喊政治口号一样，"惟祈民福"是不是有点唱高调的嫌疑？

师：依你之见，该怎样改呢？

生：既然下片的前两句都是引用，干脆这两句也化用诗句好了——"苍茫大地，谁主沉浮？"——这句可以吗？

（学生轰然叫好！）

师：（击掌）佩服！佩服！这句修改至少不逊色于前面的修改。大家不妨表决一下更喜欢哪一句。（学生举手表决，结果有三分之二的学生喜欢"谁主沉浮"这句。）

师：我们今天的这次填词经历证明：文章不厌百回改，越改只会越精彩。如果不断修改，我们的作品就可能没有最好，只有更好！

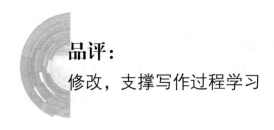

品评：

修改，支撑写作过程学习

　　填词，可以说属于一种"另类"写作学习方式。一则，它不在目前写作课程标准的规定范围之内，教师似乎没有必要让学生开展这项活动；二则，它远离学生的写作经验与习惯，因此，让学生"填词"的必要性似乎也大可怀疑。

　　但是，这恰恰是本课例的价值所在。

　　寻常的写作活动可能由于太过熟悉，以至于教师基本上会不由自主地依照以往写作教学路径指导写作。恰恰"填词"这类无论对于教师还是学生，都相对陌生的写作方式，反而可能使我们得以较为清晰地审视写作教学的本真，把握写作教学的规律。

　　正是在这个意义上，这一看似即兴式的"忆秦娥"填词写作活动，开始具备写作课程论的色彩，可以使我们思考有效写作教学指导的诸多策略。也就是说，本次填词的意义主要不在于让学生学会填词（当然，如果学生因此激发了填词兴趣自然再好不过），主要在于对于写作教学指导起到较大的启发价值。

　　概括而言，我们从上述"填词"课例中可以提取出以下三大基本写作修改指导策略。

一、范文精细化

　　所谓精细化，概而言之就是：打开范文、萃取知识。

　　之所以提出范文精细化主要基于这样一种背景：以往写作教学中，教师指导写作学习通常只是泛泛要求学生模仿范文进行写作。类似"给一个题目，加一篇范文"让学生进行写作的套路由来已久。但是这种大而化之的作文教学实际上并不是真正意义上的写作教学。实证研究证明，让学生学习各类范文并进行模仿作文，其教学效果仅仅比教师不做指导让学生"自由写作"略好，但效果并不显著。美国学者希洛克曾经对写作教学效果进行大量样本分析发现：范文学习对于写作水平的提高系数只有 0.217，略高于大量写作与提高写作水平之系数（0.16）。

这是因为，一篇具体的范文，实际上是一个全息的语篇，几乎包含了所有的写作知识，例如，布局谋篇、构思立意、遣词造句等等。而这些写作知识无一例外地全部以隐性的方式隐藏在文中，对于这样的写作知识，全靠学生自己暗中摸索、体悟是十分困难的。因为体会得深不深、好不好，甚至体会得到不到、对不对，基本上都靠学生自身天赋。

正是在这个意义上，鲁迅先生才说："凡是已有定篇的大作家，他的作品，全部说明着'应该怎样写'。只是读者很不容易看出，也就不能领悟。"因此，在写作指导过程中，范文是有价值的，但前提是必须合理地使用范文。运用范文指导学生进行写作学习就可以使用精细化策略：将蕴含在范文中的写作知识显性化，根据学生的写作需要对这些知识加以微型化处理，我们称之为"萃取知识"——亦即从众多知识中提取关键性的知识。

范文的精细化策略有以下两层含义。

（1）打开范文——将范文中蕴含的写作知识显性化。

（2）萃取知识——让范文中众多的写作知识聚焦到学生的真实需求，依据学生的需求提取关键性的知识。这些知识通常数量不多，因为不多，才可能促成深度学习；又必须是精粹的，能够有效帮助学生完成写作任务，这就需要具有针对性，能够满足学生的当下需求。

如何打开范文并萃取知识？著名的美国教材《美国语文》一书在这方面的实践堪称典范。该教材在指导学生阅读了《富兰克林自传》后，教材编者从中"打开"（开发）出这样一个核心知识——表现因果关系[1]：

---

[1]［美］本杰明·富兰克林，马克·吐温，等.美国语文（中文版）[M].北京：中国妇女出版社，2009：82.

自传式叙述：

任何人都可以写自传。大量的材料可供你选择，包括：你的活动、友谊、家庭和学校里的事件，还有成功与失败。从你的生活中选择一次重要的经历，并写一篇关于这次经历的自传式叙述文。写明为什么这个时刻值得纪念，你从中学到了什么。

表现因果关系：

在你的叙述文中清楚地表现一次经历在你的生活中产生的效果。注意富兰克林是怎样有意识地预期每种美德将会取得的效果的。

《自传》中的范例：

而一旦"果决"成为习惯，我就能在获得下面的美德的努力过程中更加坚决。"节俭"和"勤劳"将使我从残留的债务中解脱出来，变得富裕和独立，这会使"真诚"和"公正"的实现变得更加容易，诸如此类。

显然，《富兰克林自传》中一定蕴含了许多写作知识，但是这些知识学生往往意识不到，即便意识到也未必都能够用得上。因此，教材编者首先"打开"范文，使得隐含的知识显性化；其次，只选定一个知识：表现以往经历与今后生活之间的"因果关系"。

上述"填词"课例在这方面做得很出色。教师引导学生打开了范文，明确提取出这样几个知识："忆秦娥"词的句数、字数、结构等。但是，"忆秦娥"词的知识一定不止这些。我随意在网上一查，就搜索出这样的专门化知识：如果将"○"作平声、"●"作"仄声"、"⊙"作"可平可仄"、"△"作"平韵"、"▲"作"仄韵"，这首词的格律应该如下标示：

箫声咽，秦娥梦断秦楼月。

○⊙▲　○○○⊙●○○▲

秦楼月，年年柳色，灞陵伤别。

○○▲　⊙○⊙●　●○○▲

乐游原上清秋节，咸阳古道音尘绝。

⊙○○●○○▲　⊙○⊙●○○▲

音尘绝，西风残照，汉家陵阙。

○ ○ ▲　⊙ ○ ○ ⊙ ●　● ○ ○ ▲

不能说这样的知识没有用。但对于当下从来没有填词经历的学生而言，这类知识就失去意义了。因此，教师对此类知识的规避就非常自然。

从课例中我们看到，第一环节教师从范文中提取的主要是格式方面的知识，这与学生的实际学情、与学生的写作任务是相适应的。而后来随着写作学习的深入，教师逐渐引导学生运用"意脉"等知识填词。

二、修改"过程化"

修改是写作学习过程中不可或缺的重要环节。本文所说的"修改过程化"策略有两层含义：修改不仅仅只是在写作完篇之后的修饰，它应该贯穿于写作的全过程；同时，修改本身是一种写作学习方式，学生在修改中运用写作知识完成写作任务、把握写作规律。

上述课例最大的亮点就是教师指导学生三改"忆秦娥"，这一课例深刻地启示着写作教师：写作本质上就是不断修改的过程。

反复修改是一种行之有效的写作学习之路。但是，这里的修改绝对不同于一般意义上润色语言之类的校对性修改，修改的本质实际上就是作者对自己思维与语言所进行的反思与调适。

修改既然如此重要，那么，如何指导学生修改习作？

分析学情，发现问题，聚焦问题加以针对性修改。精准研判学生的写作问题是写作教学的关键所在。分析研判学生写作学情的方式有以下几种：（1）统计分析学生作文的主要问题；（2）切片深度分析学生习作；（3）访谈了解学生的写作困难。语文教师的专业能力表现在以下层面：他在探明学生的写作困难之后，能够准确定位关键性困难并能够确定解决这一困难的合宜知识。

学生在写作学习过程中一定会产生许多问题，并且，这些问题经常是含混芜杂的，往往夹杂着大量的枝节问题，甚至还经常与学生的写作优长交织在一起。这时应该如何指导学生进行习作修改呢?

显然,写作学习过程中出现的这些问题,未必都需要在写作教学中一一得到解决。为了写作教学的针对性和有效性,对有些问题不妨暂时"悬置",这样可以集中时间和精力解决当下突出的问题或核心问题。因此,写作指导如果发挥作用,就必须针对制约学生写作水平提升的一两个瓶颈问题实施有效干预。如果目标过大,可能难以把握;如果目标过杂,则可能模糊焦点。

例如,于漪老师曾在三年教学中针对学生的 50 次写作学习进行了 50 次作文修改教学。她根据学生的作文状况,每次作文评改都只侧重一两个重点问题。50 次写作评改汇总起来构成了整个写作教学过程。于老师作文修改的一大特色就是抓住学生典型的、关键性的问题加以修改:她分析学生作文中的问题,不但精细、周到,而且总能点到"穴位",指明问题的关键。[①]

过程化修改的实质就是根据学生的水平、兴趣和学习风格来调整写作学习内容与学习方式。

"填词"课例共有三次修改环节,贯穿学生"填词"写作的全过程。在修改中,教师每次聚焦一两个问题,从格式、意脉、风格等方面依次切入,最后取得了较为理想的效果。

这一课例昭示写作教师如下修改原则:写作教学必须针对学生的实际需求,以解决学生写作实际困难为最大诉求,而不求面面俱到地传授写作教学知识;学生在写作中遭遇的关键性困难必须成为写作教学的基本目标;多数学生在写作中普遍遇到的困难是修改的主导目标,少数学生所遭遇的主要困难则构成修改的分支目标。写作修改的"对象"必定来源于学生写作中的实际困难和常见不足。

三、指导分布化

分布式学习指导是近年来教育理论界十分重视的一种教育理念。其基本思想非常简单:依靠一个学习组织中的各种学习资源,指导学习者完成不同

[①] 于漪.于漪老师教作文[M].上海:华东师范大学出版社,2009:3.

规模、不同复杂程度和不同范围的任务。①在心理学领域最早提出分布式认知思想的学者是瑞兹尼克（Resnike）和索罗蒙（Salomon）。他们认为所谓的"分布"就是"泛中心"，有共享的意思。学习活动不仅仅依赖于学习主体，还涉及其他学习者、学习对象、学习工具及情境。

而写作指导的分布化，意味着指导者的"泛中心"化。以往的写作学习指导，语文教师通常就是唯一的垄断者，而写作指导的"分布化"则需要统筹一切可用资源并使之成为广泛分布的写作指导者。人人皆是指导者，时时处处可指导。这就是写作指导分布化的基本含义。

写作学习是一项高度复杂并且相对模糊的活动，其中混杂着各类因素，而分布式写作指导的价值就在于语文教师同全体学生一道参与写作学习，在互相指导中得到实践体验的机会，从而内化所学习的写作知识。这在很大程度上扭转了以往写作教学的弊端：学生写完作文后一丢了之，此后就完全是语文教师的工作。教师辛辛苦苦地批改，由于没有学生的参与，几乎毫无意义。更不必说教师在作文批阅的压力之下疲于应付，没有精力研究学生写作困难并实施有效指导了。

研究者认为，在学校教育教学管理中，分布式指导至关重要。在一个大型学习集体中，由于学生的学习风格、知识背景、学习动机与态度等方面都存在巨大差异，因此，面对这样一个学习组织，要想开展针对性的满足学生不同需求的学习指导，单靠教师一己之力几乎是不可能的事情。如果按照传统教学以教师为中心的观点看，班集体（尤其是大班额）中，众多学生之间存在的各类差异将会给教学造成较大的困难。但是，从分布式学习认知理论角度看，这反而是一种有待开发的宝贵的学习资源。分布式认知理论考虑到参与认知学习活动的全部因素，包括参与者全体、人工制品和他们所处环境之间的相互关系。分布式学习理论认为，有效的学习其实分布于每个学习者个体内、个体之间，分布在学习媒介、学习环境等因

---

① ［美］韦恩·K·霍伊，塞西尔·G·米斯克尔.教育管理学：理论·研究·实践（第7版）［M］.范国睿，译.北京：教育科学出版社，2011：388-391.

素之中。它注重学习环境、学习个体以及学习成果之间的交互作业，这些要素必须相互依赖有效的学习才能实现。

写作学习过程中，学生自然也是一个共同体。每一个学生个体的认知都是在与同伴、指导老师的交往中形成的，受共同体所提供的资源的限制，受共同体环境的影响。每一个学习者带入共同体中的技能与兴趣，都可能成为共同体的学习任务和学习资源。从"填词"课例中可以看出，在多次修改过程中，教师实际上只是发挥了"平等中的首席参与者"的作用。学生在填词过程中存在的一些问题，例如，没有押韵、词作表意方面的混乱等等，都在学生的相互交流中得到了较好的解决，这些问题其实不需要教师的介入，学生之间就可以通过互动指导予以解决。这实际上就是写作学习过程中的"分布化"指导。而教师也就有余裕集中解决学生发现不了的关键问题，例如，课例中如何修改"过片句"、词句语言风格协调一致等等。总之，这个课例的三次修改过程，都是教师、学生在一个特别情境中展开的一种互动指导活动。

上述填词课例将使我们认识到：写作学习一旦采取"分布化"的指导方式，就跳出了传统写作教学的窠臼，从而不会一味强调教师的指导作用；"分布化"写作指导者主张在母语写作背景下，每一个学生都是宝贵的资源，他们在同伴写作学习过程中将发挥不可忽视的重要作用；"分布化"写作指导最终使得写作学习广泛分布于学习环境、学习者使用的工具、学习者之间的交互以及所有学习者之中，这对写作教学的设计具有重要的启发意义。

写作是一项实践性活动，写作能力必须在具体写作实践活动中才能得到较好的提升。长期以来，中学写作教学基本上只有"写前"指导与"写后"讲评，但是，最为关键的"写中"指导却一直付诸阙如，在学生具体写作过程中教师基本处于"悬置"状态。写作活动之前的知识介绍或写作之后的评价分析固然有作用，却不能在根本上解决实践能力低下的问题。正因为如此，写作过程指导越来越被学界视为提高教学有效性的重要路径。

但是，过程指导并不是简单地让学生走一遍从构思到完篇的写作流程，而是在写作过程中给予学生必要的帮助与指导。如何进行有效的过程指导？如何促进写作教学的针对性与实效性？上述"填词"写作课例，对于开展写作教学过程化指导可能会提供许多有益的思考。

图书在版编目（CIP）数据

写作教学密码：邓彤老师品评写作课／邓彤著．—上海：
华东师范大学出版社，2017

ISBN 978－7－5675－6556－2

Ⅰ．①写 … Ⅱ．①邓 … Ⅲ．①作文课—教学研究—中学 Ⅳ．① G633.342

中国版本图书馆 CIP 数据核字（2017）第 121541 号

大夏书系·作文教学

写作教学密码
——邓彤老师品评写作课

著　　者	邓　彤	
策划编辑	项恩炜	
审读编辑	万丽丽	
封面设计	奇文云海·设计顾问	

出版发行	华东师范大学出版社
社　　址	上海市中山北路 3663 号　邮编　200062
网　　址	www.ecnupress.com.cn
电　　话	021－60821666　　行政传真　021－62572105
客服电话	021－62865537
邮购电话	021－62869887　　地址　上海市中山北路 3663 号华东师范大学校内先锋路口
网　　店	http://hdsdcbs.tmall.com

印　刷　者	北京密兴印刷有限公司
开　　本	700×1000　16 开
插　　页	1
印　　张	15.5
字　　数	222 千字
版　　次	2018 年 1 月第一版
印　　次	2023 年 2 月第五次
印　　数	12 101-14 100
书　　号	ISBN 978－7－5675－6556－2/G·10416
定　　价	48.00 元

出　版　人	王　焰

（如发现本版图书有印订质量问题，请寄回本社市场部调换或电话 021-62865537 联系）